中野ジェームズ修一×運動嫌い

わかっちゃいるけど、
できません、
続きません。

中野ジェームズ修一

JN027108

NHK出版

PROLOGUE

—

はじめに

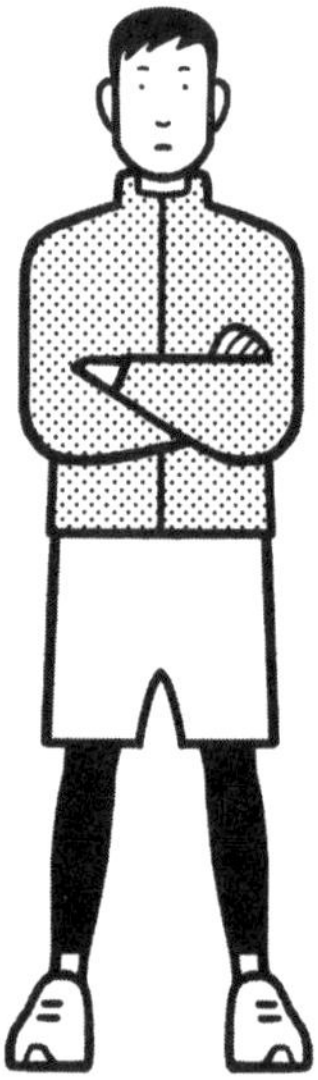

日本には間違った健康情報があふれている

健康診断で「運動しましょう」と言われた人の多くが、通勤のときに一駅手前で降りて歩くということを始めます。講演会などで、そういう人から「やらないよりはやったほうがいいですよね？」と聞かれることがあります。私も昔は「やったほうがいいですね」と答えていました。でも、今は「やらないでください」と言うようにしています。

なぜかというと、それをやることで「私は運動している」と安心されてしまったら困るのです。そういう負荷の低い運動では、もう健康増進の効果がない時代になってしまったからです。一駅歩くのはやめていいから、別途、時間をとって、ややきついレベルの運動をしてほしいのです。

「一駅歩く」はまだいいほうで、日本には、まったく効果が期待できないエクササイズ法や、簡単に痩せられると謳《うた》う機器、明らかに間違っている健康情報などがあふれ返っています。「1日3分」「つらくない」「簡単○○するだけ」。そんなことあり得るわけがないのです。でも、そうしたタイトルの本がベストセラーになる。はっきりいってそんな情報がまかり通っている国は日本だけです。

逆にいえば、そこまでハードルを下げないといけないほど、日本人には運動嫌いが多いということだと思います。でも、その人たちにこそ、〝本当の運動〟をしてもらいたいのです。

運動嫌いの人に寄り添った本を書きたいと思った

私は子どもの頃からずっと運動ばかりしてきて、トレーナーになってからは運動が大好きな人や、運動しなければいけないアスリートに囲まれて仕事をしてきました。そのせいで、運動をしない人との接点がなくなり、世の中にたくさんいる運動嫌いの人たちの気持ちがわからなくなっていたのです。

運動嫌いな人たちにこそ、運動の重要性を知ってほしいのに、そのための言葉がない。自分の中でその矛盾が大きくなってきたとき、もっと「運動が嫌い、続けられない人たち」の中に入り、日々の暮らしぶりや、運動についての思いを聞き、そこに寄り添った視点から運動を語りたいと思うようになりました。

そこで、住んでいる場所、仕事、価値観の異なるいろいろな〝運動嫌い〟の人たちと実際に会い、率直に話し合ってみることにしたのです。

運動をしたことがない。運動が嫌い。運動の大切さはわかっているけれど一歩が踏み出せない。これは、そんな方にこそ読んでほしい本です。

装丁　米持洋介（case）
レイアウト　米持洋介
門馬賢史（case）
イラスト　金安 亮
撮影　平田かい
校正　山内寛子

中野ジェームズ修一 × 運動嫌い

CONTENTS

もくじ

CASE

1

—

編集者編

やっぱり文化系？
やらない、
ちょっとはやるけど……、
理屈いろいろ。

【参加者】

運動が嫌いな人たち

ヨウさん ♀ 40代

体を動かすのも、汗をかくのも大嫌い。歩ける距離でもバスが来たら迷わず乗る。健康診断のたびに運動しましょうと言われるがやる気になれない。

ミチさん ♀ 40代

毎日ランニングと筋トレをしていた時期もあったが、今はまったくやっていない。当時より体重が10kg増え危機感あり。

ジュンさん ♀ 50代

子どもの頃から運動にいい思い出がない。家事と仕事が忙しく、運動しようとはまったく思わない。対照的に夫は熱心にランニングをしている。

ケンさん ♂ 30代

運動をすると時間とお金と体力が奪われてしまうと考えている。体力の衰えは感じるが、運動をしたらもっと体力が奪われるのでやりたくない。

ゆる〜く運動している人たち

カモさん ♀ 30代

月に1回フットサルとピラティスをやっている。楽しめる運動は好きだが、筋トレは本を見て動きを覚えたりするのが大変なので敬遠気味。

サホさん ♀ 30代

運動後の爽快感が好きで、ランニングやスイミングをしている。ひとりで体を動かすのはいいが、運動が得意とは言えないので競技やチームスポーツは苦手。

タクさん ♂ 50代

子どもの頃から運動は苦手で、人と競うことには興味がない。それでも今は、健康のために通勤時は一駅手前で降りて歩き、スイミングもしている。

エイさん ♀ 40代

リラックスのためにホットヨガに通っている。肩こりや冷え性に効果を感じ、気持ちがいいので続けている。苦しい運動まではやりたくない。

クマさん ♂ 50代

運動は嫌いだったが、子どものソフトボール大会や餅つき大会で体力不足を実感。ケガ予防と健康のために週1回のランニングを続けている。

ユウさん ♀ 30代

子どもの頃から足が速く、中学では陸上部に入ったが、競うことに興味が持てず帰宅部に。運動はやりたくないが、最近、体重増が気になっている。

しない、やめた、運動事情いろいろ

中野　運動嫌いを自認している方とゆるく運動をしている方に集まってもらいました。私自身はずっとアスリートや運動好きの人とばかり仕事をしているので、どうしても運動嫌いの人たちの気持ちがわからなくなっているところがあります。せっかくの機会なので、みなさんから忌憚《きたん》ない意見を聞かせてもらい、運動について率直に話し合いたいと思います。

まずは運動が嫌いな方に聞きます。率直に嫌いな理由を教えてもらえますか。

ヨウ　本当に嫌いです。体を動かすのも嫌いだし、汗をかくのも嫌いだし、ちょっとした距離でも、バスが来たら迷わず乗ってしまうし、運動しない自慢ならいくらでもできます（笑）。健康診断を受けると、必ず「生活改善をしましょう」「人間ドックを受けてください」と言われますけど、目を閉じて結果は見なかったことにしています。

中野　病気になると言われても、やっぱりやりたくないですか。

ヨウ　実際に病気になったらやるかもしれませんね。でも、今のところなっていないし、日常で不自由を感じることがないので。

ミチ　私は以前、ちょっと運動をしていたんですよ。ランニングと、家で筋トレ的なことをやっていました。

中野　立派な運動好きじゃないですか！

ミチ　でも、今は全然やっていないんです。

中野　どうしてやめてしまったんですか。

ミチ　1年ぐらい続けているうちに、「もう体調は維持できるな」と思って、なまけるようになってしまったんですよ。「仕事が忙しい」とか「時間がない」とか、言い訳をして休んでいるうちに、そのままやらなくなってしまって、もう7〜8年たちます。今も休みの日に「やりたいな」と思うことはあるんですけど、「やっぱり面倒くさいからいいや」という気持ちのほうが勝ってしまって、ゴロゴロしています（苦笑）。

中野　ほかの方はいかがですか？

ジュン　私の場合、運動が苦手ということもありますけど、どう考えても、今の生活に運動が入り込む余地がないんです。朝5時に起きて、子どもの朝食をつくり、会社に行って、帰りに買い物をして、家に着くのが夜8時。ごはんをつくって、片づけをして、11時にお風呂。あとは疲れて寝るだけです。

中野　時間がないというのはよくわかります。私も自分がトレーニングをするのは、仕事が終わった深夜だったりしますから。

ジュン　運動が好きな人は深夜でもやるんですよね。実はうちの夫がそうなんですよ。終電で帰ってきても、夜中の1時からランニングをするんです。夜中にゼーハーいって走ってるから、警官から職務質問されたり、歩いている女の子に痴漢と間違われたり、いろいろ大変みたいです。一方の私は、家事が終わったら、一日のご褒美にプシュッと一杯飲んでいるという。子どもたちはその様子を見て、「どっちが長生きするかな？」と言っています。私は「ストイックに生きている人のほうが、意外とわからなかったりするよ」と、心の中で思ってるんですが（笑）。

中野　対照的なご夫婦ですね（苦笑）。ちなみに、運動と寿命とは別の話です。運動をしている人のほうが健康寿命は長いと思いますが、運動をやりすぎると心臓に負担がかかって、早死にする傾向があるともいわれています。やりすぎも、やらなさすぎもよくないということだと思います。

では次に運動している方に聞きます。今やっている運動と、その中で感じていることを教えてもらえますか。

カモ　私は月1回ぐらいなんですけど、フットサルをやっています。それから、マッサージに行くついでに、その隣にあるピラティスの教室にも時々。フットサルは仲間と一緒にやるのが楽しいからやっていて、それ以上の苦しい運動、筋トレとかランニングのようなものまではやろうと思わないです。

中野　スポーツとして楽しめるものならやりたいということですね。

サホ　私は逆にフットサルみたいなチームスポーツは苦手です。周りの人に迷惑をかけてしまうという気持ちが先に立ってしまうので。でも、体を動かすこと自体は好きなので、走るとか、泳ぐとか、マイペースでできることをやっています。運動した後のほどよい疲れと爽快感が好きでやっているという感じですね。

タク　僕もサホさんとまったく同じです。子どもの頃から走るのも球技もダメで、スポーツに楽しさを見いだせませんでした。でも、大人になってから、ひとりで体を動かす楽しさがわかってきたんです。

中野　私はその逆で競技にならないとダメなんですよね。ひとりでやるよりも、誰かと競ったり、一緒にやるほうが楽しくないですか？

サホ　マラソン大会などにみんなで出場するのは楽しいです。でも、それが駅伝とかリレーになってしまうと、自分が足を引っ張るんじゃないかと思って、気持ちが引いちゃいます。プレッシャーがかかったり、苦しいことからはどうしても足が遠ざかりますね。

中野　やっぱり楽しめるというのがポイントですね。ほかの方はどうですか?

エイ　私はホットヨガに通っています。行くとリラックスできるし気持ちがいいので、今のところ楽しくやっています。

クマ　私はどちらかというと運動は嫌いなんですけど、必要に迫られてやっています。今52歳なんですが、2年前に娘が小学校に入ったとき、あまりの体力のなさに危機感を持ったんですよ。「親父の会」というのがあって、毎年ソフトボール大会が開かれるんですけど、運動不足の人たちが急にプレーするから、毎回ケガ人が続出するんです。私はそれが怖くて、とりあえずランニングを始めました。それと餅つき大会もあるんですけど、杵《きね》を振り上げるのってすごく腕力がいるんですよね。とりあえずもち米を蒸す係に回ったものの、子どもの手前、それもかっこ悪いので腕立て伏せも始めました。だから、運動するのは子どものためというのも大きいですね。

中野　すばらしいお父さんですね。

それは運動じゃありません

中野　それぞれ率直に語っていただき、ありがとうございます。議論を始める前に、そもそも運動とは何かということをお話ししたいと思います。専門家の立場から言わせていただくと、ヨガ、ピラティス、腹筋運動、ダンベル体操、体幹トレーニング、部分痩せエクササイズ、週3回の筋トレ、ウォーキング……こういったものは効率よく筋肉をつけるための運動とは言えません。

一同　え～!?

エイ　ホットヨガもダメなんですか？　ショック……。

中野　それでは、誤解を解いていきましょうか。まずホットヨガをやろうと思ったのはなぜですか？

エイ　肩こりや冷えなどに効果があって、ホルモンバランスを整えたり、女性らしい体のラインをつくることができると聞いたからです。

ミチ　私もホットヨガならやってみたいと思っていました。暖かいところで気持ちよく汗をかきながら、ゆるゆるやるイメージで。普通のヨガよりとっつきやすそうだなと思って。

中野　そうおっしゃる方が多いんですが、そもそもヨガは運動ではありません。もともとは、インドの精神修行のメソッドです。ヨガを広めようとしている人たちが、「痩せますよ」と宣伝したりしているうちに、なぜかヨガ＝運動というイメージができ上がってしまったんですね。では、ヨガで本当に痩せるかというと、確かに痩せます。しかしそれは、精神修行によって、過食を引き起こすマインドをコントロールできるようになるからであり、決して運動して痩せたということではないのです。

カモ　ピラティスもダメなんですか？　けっこう筋肉を使うし、私が通っている教室の先生は老人ホームで尿漏れ対策のための運動なども指導していて、しっかりしたメソッドを持っている感じがするんですが。

中野　確かに、骨盤底筋《こつばんていきん》にアプローチするメソッドなどは、尿漏れ予防に効果があるでしょう。ただ、それはあくまでリハビリのレベルです。低下してきた機能を元の状態に戻すのがリハビリ。それに対して、積極的に筋肉をつくり、普通の状態よりも体をレベルアップするのが、ここで言う「運動」。我々専門家はリハビリとトレーニングは分けて考えます。

カモ　ピラティスはリハビリにしかならないんですか。

中野　いや、ピラティスはとてもよいトレーニングメソッドです。もともとは病気のリハビリや体の動かし方・使い方を習得するために考案され、体系化されたメソッドで、主にインナーマッスルを使います。そのため、トップアスリートやダンサーが体のバランスを整えたり、ケガの予防のために行うことが多いです。

カモ　私たちのレベルでピラティスをやっても意味がないということですか。

中野　意味がないということではなく、目的に合ったトレーニング法を選ばないと効率が悪いということです。ここで言うところの「筋肉量」（アウターマッスル）を増やす目的なら、ダンベルや自体重などの負荷を使った運動のほうが効率的。筋肉量を増やして痩せやすい体をつくるなら、ピラティスではなく筋トレをし

タク　たほうが効果が高いです。

中野　筋肉をつけたほうがいいのに、腹筋運動もダメなんですか？　腹筋はアウターマッスルではない？

タク　腹筋群にはアウターマッスルもインナーマッスルも含まれています。ただ、すごく薄い膜が集まってできている筋肉なので、どんなに一生懸命鍛えても、それほど筋肉量は増えないんです。それよりも太ももやお尻周り、胸や背中などの大きな筋肉を鍛えたほうが基礎代謝量が上がり、痩せやすい体質になります。

中野　週3回の筋トレもよくないと言われると、何がなんだかわからなくなってくるんですが……。

タク　筋トレはしてほしいんですが、問題は「週3回神話」というのがあることなんですよ。

中野　初めて聞きました。

タク　筋力トレーニングでは、その筋肉にどれだけの負荷を与えたかが重要で、週何回やるかという頻度で効果が出るわけじゃないんです。たとえば、スクワットだけを1日無理なくできる回数、週3回やっても、筋肉はつきません。無理なくできるということは、負荷が低すぎるということだからです。それなのに「週

3回やりさえすれば体が変わる」と思い込んでいる人が多いので、我々は「週3回神話」と呼んでいます。

タク　ということは、毎日やるのも正しくない？

中野　はい、毎日できてしまうようなトレーニングでは強度が低すぎます。よく「この運動を毎日3分やれば体が変わる！」というようなことを謳《うた》っている本がありますけど、ああいうものは信用しないほうがいい。簡単にできる運動では基本的に負荷が低すぎて、筋肉をつくる効果はありません。

「カロリーを消費し、きちんと疲れて、筋肉痛になる」。この3点が、運動になっているかいないかのポイントです。

タク　でも、そんなに筋肉って重要なんですか？　筋肉をつけたい人よりも、脂肪を減らしたいという人のほうが多いと思うのですが。

中野　いい質問です。はっきり言うと、脂肪を減らしたかったら、筋肉を増やすしか方法はないんです。なぜなら、体の中で筋肉ほどエネルギーをたくさん使ってくれる器官はないからです。

それに関しては、ひとつ紹介したいエピソードがあります。とある大学院の教授でボディービルダーとしても有名な方なのですが、その彼が60歳のときに悪性リンパ腫になってしまったのです。そして、病院の無菌室に入って2週間の治療を受けることになりました。寝たきりの生活になると筋肉量が一気に落ちてしまうので、彼は無菌室の中でもがんばって筋トレをしたそうなんです。2週間後、どうなったと思いますか？

タク 何とか筋肉が維持できたんですか？

中野 いや、無菌室から出たときは、階段を降りられないほどの低筋力になってしまっていたそうです。病気になって動けなくなると筋肉量はみるみる低下していきます。30年近くフィットネスの現場で働いてきてたくさんの方を見てきましたが、病気によって動けなくなった場合の筋肉量の低下のスピードはとても早いと感じます。筋肉は体の中で最もエネルギーを使う器官のひとつ。人の体は病気になると、まず筋肉量を減らし、そのエネルギーを病気を治して生命を維持することに使っているのではないかと思ってしまいます。

裏を返せば、筋肉はそれほど大量のエネルギーを消費する器官ということです。つまり、筋肉量を増やすことはダイエットにものすごく有効なのです。筋肉量が多ければ、多少食べすぎても太ることはないし、有酸素運動をしなくても脂肪を燃焼させることができます。筋肉が1kg増えるだけで約50kcal基礎代謝が上がるので、たとえば両腿で2kg、胸と背中で1kgずつ筋肉を増やすことができれば、150kcalぐらいになります。ということは、何もしなくても茶碗3分の2ぐらいのご飯分のエネルギーを消費できるんですよ。脂肪を減らしたいなら、筋肉をつける。それがすべてといっても過言ではありません。

タク　なるほど。そのためにも筋トレをしたほうがいいと。

中野　はい。痩せたり、体型を変えたいなら筋肉をつけるのが最優先。そのための最短の道は筋トレです。筋肉をつくる最高のメソッドはヨガではありません。ストレッチでも、有酸素運動でもない。筋肉をつくるには筋トレしかないのです。

筋肉があると生活が楽になる

ケン　あの、反論するわけではないんですけど、運動をしようとしたら、まず時間が奪われてしまうじゃないですか。しかも、ジムに入会したり、ウェアやシューズを買ったりすると、お金も奪われてしまう。そして、がんばって運動をしたとしても、結局、疲れるだけで体力も奪われてしまう気がするんです。そういう代償を払うだけの魅力を感じないというのが正直なところです。

中野　率直な意見、ありがとうございます。おもしろい考え方ですね。今おいくつですか？

ケン　30代です。

中野　20代のときと比べて、体力の衰えは感じませんか？

ケン　感じます。

中野　では、なぜ体力がなくなってきたと思いますか？

ケン　運動していないから？　でも、年齢が上がれば当然体力は落ちますよね。

中野　運動していないからというのは正解です。でも、年齢が上がると体力が落ちるというのは間違いです。体力が衰える理由を正確に言うと、年齢とともに非活動的な生活をするようになり、その結果、筋肉量が減り、体力が衰えるということになります。わかりますか？

ケン　ややこしいですね（苦笑）。活動的な生活をしていれば体力は衰えないと？

中野　そのとおりです。疲れるからといって体を動かさないでいると、筋肉が衰えて、もっと疲れます。そうすると、ますます動きたくなくなる。多くの人がその悪循環にはまっているだけで、年齢が上がると体力が衰えるというエビデンスはないんですよ。実際、私は3か月ごとに筋肉量を測定していますが、20代のときよりも48歳の今のほうが筋肉量は多いです。

ケン　でも、それは中野さんが筋トレの専門家だからでは？

中野　それもあるでしょう。ただ、一般の60代以上の方の筋肉量が、トレーニングをすることによって増える例を数え切れないほど見てきました。適切な筋トレをすれば、何歳からでも筋肉をつけられることは科学的に証明されています。

タク　僕は50代ですが、もし今から筋肉をつけたとして、痩せる以外にどんなメリットがあるんでしょうか。

中野　まず体が楽になります。これまで筋肉をつけたことがない方は、日常生活のいろいろな動作が楽になってびっくりすると思います。たとえば今、駅の長い階段を上るとき、体はどんな感じになりますか？

タク　そうですね、ちょっと息が上がって、足が重くなります。

中野　私はエスカレーターやエレベーターに並ぶのが嫌なので、必ず階段を使うのですが、自分と同じぐらいの年代の方が息を切らして上っているときでも、私は何ともありません。より速く移動できて、疲れることもないので快適です。また、筋肉があると、好きなものをあまり我慢せずに食べることができます。私は食べることが大好きで、甘いものにも目がありません。時には1日3個ケーキを食べることもあります。普通に考えたら完全にカロリーオーバーですが、筋肉があるから太りにくいですし、血液検査で引っかかることもないです。

ケン　でも、逆に言うと、それだけたくさん食べなければいけないということですよね？　食費がかさみそうだし、僕はむしろそんなに食べないで、エコに生きていきたいです。

中野　そういう考え方もあるかもしれません（苦笑）。確かに、ちょっと食費はかかるかもしれませんが、今の世の中、食べることを我慢してストレスを感じている人も多いですよね。食事制限をしてストレスを感じるぐらいなら、筋肉をつけて食べたいものを食べたほうが健康にいいという考え方もあると思います。

ミチ　筋肉で体が楽になるというのは実感したことがないので、ちょっと憧れます。

ヨウ　うん、楽という言葉には弱いよね。

中野　筋肉があると本当にあらゆることが楽なんですよ。こうして長時間座っていても、筋肉が骨格を支えてくれるので楽ですし、長時間立っていることも苦になりません。ただ、そういう体を手に入れるまでは、負荷をかけた筋トレをしなければいけないので努力が必要ですし、トレーニングによる疲れも起きます。

ユウ　それを未来の自分への投資と考えることができるかどうか……。

ジュン　あの、くだらない質問なんですけど、筋肉をつけて体力が上がったら、睡眠時間が少なくて済んだりもしますか？

中野　いや、疲労を回復させるためにも睡眠はしっかりとっていただきたいです。ただ、起きて活動している間の疲れは確実に減ります。仕事終わりに疲れ果ててしまうということもなくなると思います。

ジュン　今の私がまさにそうで、仕事帰りに電車の窓に映る自分の顔がゾンビだったりします（苦笑）。それがなくなるならやってみたいかも。

中野 もちろん、まったく疲れないということはないですよ。ただ、体力がつけば、こなせる仕事量は確実に増えます。私自身、毎日朝から晩までスケジュールはびっしりで、海外への出張も多いですが、それをこなせるのは体力があればこそだと感じています。アメリカの多くのビジネスマンが筋トレを習慣にしていますが、役職が上がるほどトレーニングに熱心です。体力があるほど仕事のキャパも広がるということを知っているからでしょうね。

ケン 仕事の能力が上がるんですか？

中野 仕事の内容にもよるとは思いますが、基本的に運動をしている人ほど脳の機能が向上するといわれています。特に、記憶をつかさどる海馬《かいば》が活性化します。以前は年齢とともに海馬はどんどん萎縮すると考えられていたんですが、強度の高い運動をすれば、元に戻すことができるということがわかってきました。そういう意味でも、運動が仕事にもたらすメリットは大きいと思います。

「健康のため」だと運動ができない？

タク　筋トレの重要性はよくわかったんですが、働いていると時間がとりにくいという問題もあるじゃないですか。仕事が終わった後、夜しか運動できない場合って、夕食後にやってもいいんですか？　満腹で動くとおなか痛くなるし、消化にもよくない気がするんですけど。

中野　食事のあとは安静にしなければいけないというのも誤解なんですよ。確かに、食事の直後に運動をすると脇腹が痛くなることがあります。あれは食べ物を消化するために、内臓に血液が集まってきているときに筋肉を使うことで血液の取り合いになるのが一因です。「血液を消化に使いたいので、まだ筋肉を動かさないでください」という体のサインなので、脇腹が痛くなるときは、少し時間を置いたほうがいいです。ただ、基本的には食事の後ほど運動したほうがいい場合もあります。なぜだかわかりますか？

サホ　エネルギーを消費するため？

中野　正解です。正確に言うと、血糖値を下げるためです。食後は安静にしていなきゃといって、すぐに横になってしまうと、食べ物から吸収したブドウ糖が血管の中にとどまって、血糖値が高い状態が続きます。そうすると、糖尿病のリスクが高まってしまうのです。でも、食後に体を動かせば、入ってきたブドウ糖がどんどん消費されるので、血糖値はすぐに下がります。遺伝性の1型糖尿病の場合は運動だけではどうにもなりませんが、生活習慣病である2型は運動で十分に予防できる病気なんです。

ユウ　糖尿病については、うちの兄がまさに1型なので、どんなに健康に気を遣っても病気になる人はなるんだなという諦めみたいなものを感じるんですよね。だったら、もうちょっと享楽的に生きたほうがいいんじゃないかという気持ちもあります。運動にいろいろメリットがあるのはわかるんですけど、やる気になるか、続けられるかどうかって、結局、成功体験があるかどうかなんじゃないでしょうか？

中野　病気が治ったとか、ダイエットが成功したとかですか？

ユウ　私の場合、運動をして体がよくなったこともなければ、しなかったから悪くなったということもないんですよ。チョコレートを食べた次の日に吹き出物が出たとしてもチョコレートのせいではなく、たまたまだろうと思うタイプで。そういう因果関係を信用していないところがあります。運動をしてすぐに結果が出るなら「おお！」と思うかもしれませんけど、何か月も地道にがんばるということはできない気がします。

中野　なるほど。ただ、これればかりはどうしようもなくて、体の反応って瞬時には出ないんです。英会話の先生と話をすると、いつも意見が一致するのですが、英語の習得とダイエットってよく似ているんですよ。英語は勉強してすぐしゃべれるようになるわけではないですよね。何か月も何年も積み重ねて、ようやくしゃべれるようになる。筋トレもダイエットも1日で結果が出るということはなくて、積み重ねが必要です。でも、どちらも正しい方法で一定期間努力すれば必ず結果が出ます。

ユウ　それを信じてもがんばる気になれない……ということはやっぱり運動が本質的に好きじゃないんでしょうね。ただ、最近、自分の中で絶対に超えることはないと思っていた体重のデッドラインを超えてしまったんですよ。今までは食べても太らない体質だと思っていたんですけど、健康診断で「年齢的に代謝も悪くなってくるから注意しましょう」と言われる始末で、さすがに危機感を持ち始めています。

中野　そういうときこそ、運動を始めるチャンスです。

ミチ　私はユウさんと違って、もともと運動をしないとすぐに太るタイプなんです。7～8年前、ほぼ毎日ランニングしていたときは、今より10kg痩せていて、どんな服でも着られました。でも、今は着られる服が少なくなってしまって、痩せていればおしゃれがもっと楽しめるのになあ……と思います。

中野　当時、運動することができた理由は何だったと思いますか？

ミチ　ちょうど40歳になった頃で、このままだとどんどん中年太りになって、母親みたいにブヨブヨしたおばさんになってしまうと思ったんです。「今のうちに運動習慣をつけないと将来大変なことになる」と思って必死にやりました。大好きなお菓子もやめて、食事制限もしましたし。

中野　がんばりすぎて、燃え尽きてしまったのかもしれませんね。

ミチ　あのときはがんばれたけど、もうできる気がしないです。でも、私ももうすぐ50歳だし、中野さんのお話を聞いて、今こそやらないといけないんだという気持ちにはなってきました。

クマ　私は自分が運動をやってみて思うんですけど、「健康のため」というのは動機として弱い気がするんですよ。今、週に1回、10㎞走っているんですが、それを2回、3回に増やすことはなかなかできないんです。

中野　もっと強い動機がほしい感じですか？

クマ　それがあるなら知りたいですね。昨日も友達と皇居を2周したんですけど、彼は、「2日走らないでいると気持ちが悪くなる」と言うんです。そういう心理状態にはどうしてもなれません。

ケン　それって一種の強迫観念みたいなものですよね。逆に不健康な気もしますけど。

ユウ　自分のためにやるのか、人のためにやるのかというのもあるんじゃないですか。クマさんはお子さんのために始めたんですよね。たとえば、料理もある年代までは子どものため、夫のためにするじゃないですか。でも、年をとって独居になると、モチベーションがなくなって、料理をしなくなってしまうという話をよく聞きます。やっぱり「健康のため」という理由じゃ弱くて、「料理をしている時間が楽しい」とか「きちんと料理をしている自分が好き」という自己肯定感のようなものが必要になると思うんです。運動でも、「走っている俺ってかっこいい」みたいな気持ちになれたら走れるのかも。

クマ　私の場合、その気持ちはまったくないです。かっこいいどころか、嫁さんからも「もうちょっといいウェア着て走ったら？」と言われる始末で（苦笑）。

中野　パーソナルトレーニングに来ている方に動機を聞くと、多くの男性が「モテたいから」というのを理由に挙げます。人間の本能でもあるし、それをモチベーションにするのもありだと思いますよ。

クマ　確かにジムに行っている人はかっこいいというイメージがありますね。颯爽《さっそう》としていて、服装とかもセンスがいい気がします。私もまずウェアを変えてみようかな（笑）。

筋トレという選択

ジュン　私みたいに、これまで長きにわたって運動をしてこなかった人間からすると、

中野　そもそも運動のために時間を割くという発想が持てないんですよ。「時間がない」という方は多いと思うのですが、たとえば、会社が勤務時間中に1時間トレーニングタイムをつくってくれたらやりますか？

ミチ　私はそれならやるかもしれない。時間とプログラムが決まっていて、「今日はこれをやってください」と言われたら、仕事としてやる気がする。

エイ　うん、業務命令だったらやるかも。

ヨウ　結局、時間がないというのは言い訳のような気もするんですよね。

中野　そうなんです。トレーナー向けのワークショップでおもしろい話を聞いたことがあります。アメリカの国務長官だったライスさんを覚えていますか？　アメリカの国務長官といえば、世界でも最も忙しい人のひとりだと思いますが、彼女は毎朝必ず1時間ワークアウトをしていたそうです。だから、アメリカのトレーナーは「時間がない」という人に対しては、「あなたはライス国務長官より忙しいですか？」と切り返していたそうです。つまり、忙しいからできないという人の根本には「つらいからやりたくない」という気持ちがあるんだと思います。私としては、そういう人にこそ運動をしてほしくて、いい方法がないかと、いつも悩んでいるわけです。

ジュン　確かに時間がないというのは言い訳なんでしょうけど、かといって、いきなり本格的な筋トレに挑戦するとか無理だと思うんです。日常生活の延長でやれることがあるならやってみるという感じかな。

タク　「ながら運動」はやっぱり意味ないですか？　たとえば、掃除しながらとか。

中野　床を拭くときはこう動かしましょう、窓を拭くときはこうするとここが鍛えられますよとか、そういう「ながら運動」ではほとんど意味がありません。

サホ　本を読みながらのスクワットはどうですか？

中野　本を読みながらできてしまうぐらいの強度設定というのがまず問題です。

サホ　重い本でもダメですか？

中野　相当重くないと（笑）……。

ヨウ　そもそものメンタリティーがダメだよね。「ながら」でなんとかならないかと思っているあたりが。

ユウ　運動してても病気になったり、突然死んじゃう人もいますよね。「あんなに健康に気を遣ってたのにね」って。そういうことがそんなに珍しいことではないから、どこかで「どうがんばってもダメなものはダメなのよ」と思っているところがあります。

中野　運動を続けられるかどうかは、自分で変化を実感するとか、周りの人に「スタイルよくなったね」と言われるというような成功体験の有無も大きく関係します。こういう成功体験を得るためには、やはり正しい方法で、ある程度一定期間トレーニングする必要があるのですが、なかなかそこを越えられない感じなのですね。

ユウ　「筋トレでしか鍛えられない」と言われると、すごくハードルが上がる感じがしますよね。ジムでマシーンを使うのもイヤだし、日々の活動量を上げることで、体力の低下を抑えるぐらいで十分……と易きに流れそうな自分がいます。

中野　「特別なトレーニングまではしたくない」という気持ちもわからなくありません。30年前だったら、私もここまで「運動しましょう」「筋肉をつけましょう」とは言わなかったと思います。実際、今60代の人たちは元気で、介護されている人もそれほど多いわけではありません。でも、それはその人たちが今ほど便利じゃない世の中で生きてきて、普段から体を動かしていたからなんです。わかりやすく言うと、不便な時代に蓄えた〝筋肉の貯金〟があるということです。もし特別な運動をするのがイヤなら、便利な生活を捨てなければいけません。買い物を指1本で済ませるのはやめる。移動にタクシーを使わない。掃除をロボットに任せない。そうした不便な環境に戻れば、日々の活動だけで健康を維持できるかもしれません。だけど、そういう生活に戻れますか？　私にはできません。ネットショッピングもしたいし、車で移動したいと思います。だから、わざわざ時間をつくって運動をするという道を選んでいるわけです。

タク　そう言われると、現代社会では筋トレをするのがいちばん合理的な選択という気がしますね。今どきの言い方をするなら、「筋トレほどコスパがいいものはない」のかもしれません。

中野　今日はつい熱が入って、耳が痛い話をしてしまったかもしれませんが、もちろんイヤなことを無理にやる必要はないと思います。自分がおもしろいと感じるスポーツやエクササイズが見つかって、趣味として続けられるようになれば、それに越したことはありません。ただ、自分の将来のためにも、日本が大介護時代にならないようにするためにも、今のうちから筋肉をつける意識を持ってもらえたらうれしいです。

Nakano's Voice

編集者のようにメディアで仕事をしている方々は、日々たくさんの情報に触れています。

運動に関しても「あれがいい」「これはダメ」と、情報があふれていて、健康本、ダイエット本も次々に刊行されています。もちろん、インチキや危険なものも含めて。そんな環境の中で、「惑わされたくない」という気持ちを持つのは当然なのですが、「どれが正しいかわからないから運動しない」という選択はしてほしくないなと思います。

「楽しい」と思えるものを探す感覚で、運動にトライしてほしいですね。「カロリーを消費し、きちんと疲れて、筋肉痛になる」この3点をクリアしていれば、それは運動になっているということ。あまり突き詰めて、難しく考えないで、この3つをクリアするものであればなんでもいいので、まずは体を動かしてみる。楽しいと思えるものに出会えたらきっと続けることができるでしょう。

CASE

2

フリーランス編

予定が立てられない！
とにかく休みがない！
たまの休みは
グウタラしたい。

【参加者】

ワカさん ♀ 50代

ライター。学生時代はバレーボール部。社会人になってからは運動をしていなかったが、ここ数年、疲労を感じることが増え、最近ヨガを始めた。

ナベさん ♀ 30代

スタイリスト。剣道一家に育ち、高校時代はダンス部。高校卒業後は運動をしていなかったが、最近ランニングシューズを買ってちょっとやる気に。

ムギさん ♂ 40代

グラフィックデザイナー。新潟で育ち、バドミントン、野球、スキーなどをやっていた。今は犬の散歩が日課。

エリさん ♀ 40代

ヘアメイク。学生時代はバスケットボール部、山岳部。働き出してからも時々登山をしていたが、体力の衰えを感じ、何とかしたいと思っている。

体バキバキの原因は疲れではなかった！

中野　テレビや雑誌の撮影現場でカメラマンさんやヘアメイクさんと話していると、けっこう運動嫌いの人が多いんですよね。私は子どもの頃からスポーツばかりやってきて、どうしても運動をしない人の気持ちがわからないところがあります。今日は率直に運動について感じていることを聞かせてもらえればと思います。職業柄、皆さん学生時代から文化系だった感じですか？

ワカ　私は学生時代はバレーボール部だったんです。部活のときは強制力もあったし、行けば行ったで楽しく練習していたんですけど、卒業すると興味がなくなって、自分から進んで運動しようとは思わなくなりました。でも、最近「このままじゃまずいな」と思って、時々ヨガに行っています。

中野　「まずいな」というのは？

ワカ　2、3年前から疲労感がひどくなってきたんです。体が重くて、あちこち痛いし、何ていうか全身がバキバキになって、血が巡っていない感じがするんです。でも、走ったりするのは無理だから、血が巡りそうな感じのことをしようと思って、ヨガをやってみたんですけど。

中野　やってみてどうでした？

ワカ　心理的なものもあるかもしれませんが、ちょっと楽になりましたね。

中野　年をとってくると、当然10代、20代のときとは体の感覚が変わってきますよね。今はまだ何とかなっているかもしれないけれど、20年後、30年後を考えると不安になったりしませんか？

ナベ　ヤバいと思います。私はまだ30代ですけど、すでに肩と腰が張ってしんどい状態が続いています。よく「ヨガをやれば」と言われるんですけど、なかなかやる気にならなくて。そのかわり毎日1時間お風呂に入っています。どんなに忙しくても、疲れていても、必ずバスタブにお湯を張ってつかるんです。運動は一切していないんですけど、お風呂で汗を流して、血の巡りをよくして、体の疲れをとっている感じです。

中野　女性はそういう方が多いですよね。お風呂で肩や腰の症状は改善されますか。

ナベ　ちょっと緩和されるかな、という程度です。でも、お風呂に入らないと、もっとバキバキになるので欠かせません。

中野　その「バキバキ」というのが、いまひとつわからないんですが。体を動かすと筋肉がバキバキッとなるのか、それとも動かしにくいということなのか……。

ワカ　音がするわけじゃなくて、凝り固まっている感じですよね？

ナベ　朝、起きた瞬間から「あ、ダメだ」みたいなときがありますよね。

中野　起きるときがいちばんつらいですか。

カナ　つらいですね。動かないというか。

中野　「腰が痛い」「肩が痛い」「首が回らない」と言ってパーソナルトレーニングを始める方もけっこういるんです。病院に行っても、明らかな疾患ではないので、「ちょっと様子をみましょう」と言われるだけ。でも、痛くてどうにもならない。そこで、藁《わら》にもすがる思いでパーソナルトレーニングに来るんです。そして、「少し動かしてみましょうか」と言って、サポートしながら動かすと、9割方はよくなるんですよ。要するに、動かさなすぎだったんです。

ナベ　動かすだけでバキバキが治るんですか⁉

中野　治ることが多いです。

ワカ　そもそもそういう発想がなかったです。忙しくて疲れきってしまったからバキバキになるんだと思っていました。

中野　なるほど、そういうことですか。

ムギ　たぶん、多かれ少なかれ、みんないろいろな体の不調は感じていると思うんですよ。僕はグラフィックデザイナーだから普段は座っていることが多いんですけど、ヘアメイクさんやスタイリストさんは、撮影現場でずっと立ちっぱなしですよね。そのせいで体が痛くなったりするんじゃないですか。

エリ　立っているだけで痛いというところまではいかないけど……。

ムギ　僕は撮影に立ち会っていると、体のいろいろなところに何となく違和感が出るんですよね。だから、ちょくちょくストレッチをしたくなる。普段が座り仕事で、立っていることが少ないからかもしれないけど。

エリ　次の日、筋肉痛になったりしますか？

ムギ　筋肉痛まではいかないけど、やっぱりいつもと違う筋肉を使うせいか、「疲れたな」と感じます。

中野　私もトレーニングより、収録や撮影のときのほうが疲れるんです。待ち時間も長いし、たいして動いているわけではないんですけど、終わるとぐったりきます。私にとっては、むしろフルマラソンを走るほうが体的には楽ですね。

一同　え～っ!?

エリ　フルマラソンが楽という感覚はわからないですけど、おっしゃっていることは何となくわかります。撮影現場の疲れって、ちょっと特殊な感じですよね。

中野　おそらく脳が疲れるんだと思います。同じ「疲れた」という言葉を使うんですけど、重いものを持ち上げたり、走ったりする疲れとは種類が違う。運動の場合は、筋肉を収縮して動かすから血液の循環がよくなって疲労物質も代謝されます。でも、スタジオで撮影をしていると、循環が滞ってしまう感じがしますね。

野菜だけが健康な食材ではない

中野　私もそうですが、自営業だと組織で働く人よりも体調に気を遣うようになりませんか？　会社員であれば病院で休んでも給料は入ってくるし、福利厚生もある。でも、フリーランスだと収入が途絶えてしまいますよね。仕事に穴を開けるわけにもいかないし、自然に健康意識が高くなりませんか？

エリ　それについては、運動というより食べる物に気をつけています。現場が続くと食事がお弁当ばかりになってしまうじゃないですか。最近はバランスのいいお弁当が出ることもありますけど、基本的には肉や油ものが多いですよね。そういう食事が何日も続くと、私は具合が悪くなってしまうんです。なので、朝ごはんは手づくりして、現場には野菜と果物を持っていくなど、そういう工夫はしています。特に野菜には気を遣っていて、有機野菜を取り寄せています。

中野　バランスを考えて工夫しているのはすばらしいですね。

エリ　「何か足りないな」と思ったとき、野菜を食べると体が楽になりますし。

ナベ　あとは肌のことも考えますね。野菜もそうですけど、飲み物でも、なるべくビタミンが入っているものを飲むようにしています。

中野　ビタミンが健康にいいと思っている方も多いですよね。ただ、皮膚をつくるのは、ビタミンではなく、たんぱく質です。皮膚だけじゃなくて、髪の毛にしても、爪にしても、女性が美容面で気を遣う部分をつくっている材料はほとんどたんぱく質。もちろんビタミンも大切ですが、それはたんぱく質を使って体が再生されるときに補助の役割をするからです。つまり、野菜中心食にすると、メインの材料をとれず、補助の栄養素ばかり摂取するということになりかねません。「野菜だけ食べていればＯＫ」ではないのです。知っておいてほしいのは、野菜だけが健康的な食品ではないということ。米も健康的だし、肉も魚も健康的。すべてをバランスよく食べることが重要なんです（p．194参照）。

ワカ　でも、「1日に必要な野菜量が足りていません」「もっと野菜をとりましょう」ということが、いろんなところで盛んにいわれていませんか？

中野　CMなどのすり込みの影響が大きいんだと思います。「野菜たっぷりで健康的」と紹介されているレシピなどを見ると、たいてい野菜が多すぎます。栄養士さんがアスリート向けにつくる献立を見ると、実は意外に野菜が少ないんですよ。たぶん一般の方が見ると「え？　こんなに野菜が少なくていいの？」と感じると思います。そもそも野菜って主に何からできていると思いますか？

ナベ　え〜と、ビタミンですか？

中野　ビタミンも含まれていますけど、メインは食物繊維です。ところが、食物繊維の栄養価って0なんです。食物繊維をたくさんとっても、便の量が増えるだけです。便秘の人には効果がありますけど、普通の人が食物繊維をとりすぎると、弊害もあります。というのも、食物繊維は消化器の中の余分な栄養素を排せつさせる作用があるからです。だから、炭水化物やたんぱく質をしっかりとれていない人が野菜を食べすぎると、必要な栄養素まで体の外に出してしまうことになります。おまけに、食物繊維を過剰摂取すると小腸の粘膜を傷つけることもあるといわれています。

ワカ　そうなんですか……。まったく知らなかったです。

中野　厚生労働省のデータによると、日本人に欠けているのは野菜やビタミンではなくて、たんぱく質やカルシウムなんです。ちなみに、ビタミンについていえば、野菜ジュースなどに入っているとされるビタミンCは、熱処理などの製造過程で失われてしまうことが多いのです。

ナベ　え～⁉　そうなんですか。一生懸命飲んでいたんですけど。

中野　ビタミンって壊れやすいんです。新鮮な野菜を切った直後に食べるのなら壊さずに摂取できるのですけど。とにかく、たんぱく質、糖質、脂質、ビタミン、ミネラル、すべてが人間にとっては欠かせない栄養素で、それぞれを適量とることが大事です。たとえば、糖質制限がはやりだしてから、米が不健康みたいにいわれていますけど、普通の筋力を持っている人なら、毎食茶碗１杯分のご飯を食べても太ることはありません。ところが、低筋力の人は入ってきた糖質を消費しきれないので、茶碗1杯でも多いということになる。そういう意味では、食事と運動は密接に関係していて、健康を維持するには食事だけでなく、運動とのバランスが大切なんです。

休みの日は何もしたくない

ワカ　やっぱり運動って大切なんですね。ただ、日々の仕事の忙しさを考えると、どうしても優先順位があとになるというのが正直なところです。

中野　やはり「時間がない」「疲れている」というのがネックになりますか？

ナベ　私の場合、アシスタント時代が5年ぐらいあって、その間は運動どころじゃなかったです。ほとんど休みがないし、無給。空き時間はほとんどアルバイトをしていましたが、もともとあまり体が強いほうじゃないので、すぐ貧血になって倒れたりしていました。師匠に「走って体力をつけたほうがいいよ」と言われていたんですけど、朝から夜中までアシスタント業務をして、帰ってから、また疲れることをする気にはなれなくて……。

ワカ　私も毎週何曜日のこの時間はヨガに通うというふうには決められなくて、「明日、時間が空いたから行こう」みたいな感じです。

中野　時間が固定できないから、習慣になりにくいということですね。

ナベ　それでも、運動がリフレッシュになると感じている人は、何とか時間をつくってやると思うんです。私はそもそもリフレッシュになった経験がないので、やる気にならないというか……。あとは走ろうと思っても、そもそも靴がなかったんですよね。でも最近、撮影でランニングシューズを買う機会があって、思い切って自分のシューズも一緒に買ったんです。それで試しに走ってみました。

中野　どうでした？

ナベ　軽く屈伸をして走り始めたら、3分ぐらいで脇腹が痛くなりました。最初だから無理をしちゃいけないと思って、結局5分だけ走ったあと、1時間歩いて終

中野　わりました。汗も流していないし、運動とはいえないですね。

ナベ　そんなことはないですよ。一歩を踏み出すことが大事です。

中野　次の日は足が痛くて、階段を下りるのがきつかったです。なので、まだ1回だけしか走っていません。

ナベ　きっかけはシューズだったんですね？

中野　私にとっては大きなきっかけでした。最近ランニングをしている人が増えていますよね。私たちの業界でもそうですし、プライベートの友達の中にも走る人がけっこういて、ちょっとやってみようかなという気になって。

ムギ　僕は毎日散歩をしているんです。

中野　いつ頃からですか？

ムギ　犬を飼い始めた1年半前からです。その前は本当に何もしなかったから、たまに足のつけ根とか腰が痛くなることがあったんですよ。整体へ行くとストレッチのような動きを教えられるので、しばらくはやるんです。でも、調子がよくなると、またやらなくなる。その繰り返しでした。でも、毎日犬と散歩をするようになって、そういう痛みが出ることがなくなりました。それは自分の中では大きな変化ですね。

中野　どれぐらい歩いているんですか？

ムギ　朝は2時間弱、夕方は30分ちょっとです。途中で犬を遊ばせたり、犬友と話をしたりしながら歩いてます。たぶん、ひとりでウォーキングしろといわれたら、とてもじゃないけど無理。だけど、犬と一緒だと楽しいんですよね。スポーツも楽しければできる気がします。最近、息子がテニスを始めて、一緒にやってみたら楽しかったから、1か月に1～2回はやっています。

中野　一緒にできる相手がいるというのは、とてもいい環境ですね。アメリカには、運動することを家族が理解している人の継続率は80％なのに対して、そうでない人たちの継続率は20％ですごく低いというデータ（Public Health Rep 1970;85:905-911）もあります。運動を続けるには家族のサポートも大切なんですね。

ムギ　あとはロケーションも大事だなと感じます。犬の散歩で近くの大学のキャンパスへ行くんですけど、緑が多くて気持ちがいいんですよ。こういうロケーションだったら、ちょっと走ってもいいかなという気もします。ランニングが好きな人は、わざわざ皇居まで行って走ったりするじゃないですか。あれもロケーションを求めているんでしょうね。環境で運動に対する感覚も変わるのかなという気がします。

エリ　私も山登りで自然の中へ行くのは好きなんです。学生時代は山岳部で、社会人になってからもたまに登っていたんですけど、最近は行けていなくて。

中野　ムギさんは犬の散歩にかなり時間を使っていますよね。仕事との兼ね合いはうまくいっていますか？

ムギ　散歩をする分、どこかで時間をやりくりする感じです。デザイナーの場合、家でできる作業が多いから、自由が利く面はあります。自己裁量で働けるのはフリーランスのいいところですね。

中野　確かにサラリーマンの方が1日2時間半、犬の散歩をするというのはちょっと難しいかもしれませんね。

ムギ　「ちゃんと仕事しろ！」と怒られますよね（苦笑）。その点は恵まれているなと思います。

中野　天気が悪かったり、疲れていて行きたくないと思うときはないですか？

ムギ　今のところないですね。自分ひとりだったら絶対に外出なんてしたくない真夏でも、犬がかわいそうだから行きます。犬もちゃんと散歩をさせないと、年をとってから歩けなくなるそうなんですよ。自分の健康よりも、犬の健康を気にしている感じです（笑）。家族がちょっとでも体調を崩すと、「早く医者へ行け」と言うけれど、自分は風邪を引いても病院に行かなかったりするじゃないですか。その感覚と似ているかな。

中野　デザイナーさんの場合は時間の融通が利くというお話でしたけれど、ヘアメイクさんやスタイリストさんの場合はいかがですか？

エリ　決まった休みがないですし、土日に仕事が入ることも多いですから、なかなか予定が立てられないんですよね。1日の拘束時間も長くて、朝は5時半集合、夜は終電を過ぎるということが何日も続いたりします。そうすると、やっぱり休みがとれた日は、体を休めることが最優先になってしまいます。

中野　休みは月にどれぐらいとれるんですか？

エリ　コンスタントにとれる休みというのはなくて、気がついたら1か月間、1日も休まず働いていた、ということもあります。逆に2週間ぐらいまとまって空いたりするときもあります。それが前もってわかっているときは、だいたい旅行に行きますね。

ムギ　僕の場合、あまり休みはとらず、だらだら仕事をしている感じですね。

エリ　デザイナーさんは、やろうと思ったらいつでも仕事ができちゃうというのもあるんでしょうね。

ムギ　そうなんですよ。デスクに座ってしまえば、いつでも始められるので、土日も仕事があればやるし。それを苦とも思わない。それは散歩でリフレッシュできているからかもしれないですが。

中野　じゃあ、ムギさんもほぼ休みはなしですか？

ムギ　忙しさの波があって、ぽっかり何日か空くこともあります。でも、そこで特に体を動かそうとは思わないです。普段どおりに散歩して、あとはゆったりしてしまうかな。

ナベ　何もしないことが幸福なんですよね（笑）。

中野　ナベさんはどれぐらい休みがありますか？

ナベ　スタイリストの場合、現場だけでなく、その前後に服やアクセサリーを集める作業もあるので、それも含めると休みはほとんどないですね。自分から休みをとろうという勇気もないんですよ。「この1週間は休めるかも」と思っても、仕事の依頼が来たら入れちゃうし、実際に1週間何も仕事がなかったら焦っちゃうと思うんです。だから、旅行の計画も入れられないですね。

中野　今、働き方改革で、「残業をやめて、休みをとりましょう」と盛んにいわれていますけど、フリーランスの方々には関係ない感じですね。私自身も毎日、早朝から夜中まで働いて、休みもほとんどありません。だから、働き方改革で休みが増えた会社員の方には、もっと運動をしてほしいと思うのですが（笑）。

ナベ　銀行や保険会社に勤めている友達の話を聞くと、めっちゃ休んでますよ。年に1週間単位の休みが2~3回あるそうです。その分、平日の仕事が大変なのかもしれないけれど、計画的に休みがとれるのはうらやましいなと思います。

中野　不意に休みがとれたときは、まず何をしますか？

ナベ　寝ます。ただのグウタラなんで（笑）。丸1日休みがとれたら、前日に食料品を買い込んでおいて、家から一歩も出ません。

中野　えっ⁉　どうして出ないんですか。

ナベ　出たくないからです。

ムギ　その気分はちょっとわかります。出ないことが贅沢なんですよね。

中野　そういうとき、家で何をしているんですか。

ナベ　好きなものを食べながら、パソコンで動画や海外ドラマを見たり、スマホをいじったり、お昼寝をしたり。合間に家事もしますけど、早くグウタラしたいから、急いで済ませます。

中野　家に籠もっていると、体調が悪くなりませんか。

ナベ　それで体的にリフレッシュできているかと言われたら、たぶんできていないんでしょうね。でも、精神的には余裕ができる気がします。

中野　この前、あるライターさんと話をしたら、朝から晩まで家で一日中ずっと原稿を書いているときに、ふと「自分はどのぐらい歩いているんだろう？」と気になって歩数計を着けてみたそうなんです。そうしたら、なんと280歩だったと言うんですよ。ほぼ動いていないんです。消費カロリーはベッドで寝たきりの人とほとんど変わりません。よくそれで生活が成り立つなと感心したんですけど、考えてみたら、いまや食料品も生活用品もワンクリックで玄関に届くし、下手をしたら1年間、家から一切出なくても生活できてしまう時代なんですよね。そういう世の中になっていることを考えると、近い将来、日本人のほとんどがロコモティブシンドローム※（運動器症候群）になって歩けなくなるというのも、けっしてあり得ない話じゃないんですよ。真剣に危機感を持たなきゃいけないと思うんです。

エリ　そう言われると怖いなとは思いますけど、自分自身の体に対してそこまでの危機感があるかというと……。病院で「このままだと死んでしまいますから、こ

ムギ

の運動を必ずやってください」と言われたら、やると思うんですけど。

わかります。自分に不都合があればやるけれど、なければやらないですよね。僕自身、これまで大きい病気やケガがなかったので、何となく運動から逃げていた気がします。逆に、今は犬の散歩をすることで、ちょっと「やってる感」があるから、ついお酒の量が増えたり、食べすぎて一度落ちた体重が元に戻ったり、油断してしまっている面もありますね。

※ ロコモティブシンドローム　加齢に伴う筋力の低下や、関節や脊椎の病気、骨粗鬆症などにより運動器の機能が衰えて、要介護や寝たきりになってしまったり、そのリスクの高い状態。

疲れるのは筋肉がないから⁉

ワカ　お話を聞いていて、「そもそも運動って何なんだろう」と考えてしまいました。ひょっとしてムギさんみたいに犬の散歩をしたり、私のように時々ヨガをしているというのは運動の内に入らないんでしょうか？

中野　すごくいい質問です。実はこの前、「ヨガは運動ではない」という記事を書いたら、一部でかなり炎上しました（苦笑）。まず健康の維持増進を考えるとき、一番重要なのは「筋肉」なんです。そもそも人間は筋肉がないと骨格を支えられません。頭や腕、胴体といった体の重たいパーツを支えるためには、かなりの筋肉が必要なんですが、筋力不足で支えきれないと、首や腰に痛みが出ます。「疲れる」という症状も、少ない筋肉で骨格を支えようとするから起きるんです。

ワカ　疲れが筋肉の問題だとは考えたこともなかったです。ということは、筋肉をつけるのが本当の運動だということですか。

中野　そうです。では、ヨガやウォーキングで筋肉がつくかというと、残念ながらあまりつきません。筋肉をつけるには絶対的な原則があり、それは普段与えている刺激よりも強い刺激を与えることなんです。たとえば、普段２kgのバッグを持ち歩いている人が、５００gのダンベルでトレーニングしても意味がありません。２・５kgのダンベルでトレーニングして、初めて筋肉がつくんです。

だから、日常的に問題なく歩ける人がどれだけウォーキングしても、それが普段歩くときのスピードと同じであれば筋肉は増えません。宇宙から帰ってきたばかりの宇宙飛行士とか、病気でしばらく寝たきりだった人ならウォーキングでも筋肉がつくんですが、それはかなりの低筋力に陥っていて、歩くことが強い刺激になるからです。

ワカ　ヨガの動きは刺激にならないんですか？

中野　ヨガの場合、筋肉を伸ばす動きが多くて、負荷も基本的に毎回同じですよね。普段より強い負荷をかけて、何度も収縮を繰り返さないと筋肉は成長しません。ヨガやウォーキングに効果がないとは言いませんが、忙しくて時間がないのであれば、遠回りな方法ではなくて、効率的、かつ効果的な方法で健康になりたいですよね。同じ時間を使うなら、筋トレをして、ダイレクトに筋肉をつくったほうが確実に疲れにくくなるし、健康にもなれるということなんです。

ムギ　そういうことなんですか。これまで「健康」と「筋肉」って関係ないと思っていました。たぶん僕だけじゃなくて、普通の人は知らないんじゃないでしょうか。

中野　そうなんですよね。それが私としても悩ましいところで。

ナベ　さっき中野さんがおっしゃっていた、筋力があれば糖質をとっても大丈夫ということも、私は初めて知りました。

中野　脳が糖質をエネルギー源にしているということは、わりと知られていると思いますが、全身の筋肉もたくさんの糖質を必要とします。だから、ダイエットをするなら、まず筋肉をつけるのが最優先。いちばん効率が悪いのが、筋肉量が少ない人がウォーキングなどの有酸素運動をすることなんですよ。筋力がないと骨格を支えられず、グラグラしながら歩くので、股関節やひざを傷めやすいというリスクもあります。まず筋力トレーニングで筋肉をつけてから、有酸素運動をして糖質や脂肪を燃焼させる。これがいちばん効率的なダイエット法です。

ナベ　でも、私は基本的に筋肉って苦手なんです。自分につけるのも、ムキムキな男性を見るのも、ちょっとイヤだなと思ってしまうんですよね。腕が細くなったりするならいいけど。筋肉をつける＝太くなるみたいなイメージがあります。

中野　そこはちょっと誤解があって、一般的な筋力トレーニングをして女性の筋肉が太くなることはまずないです。たとえば、女性のマラソンランナーを見ても、脚が太い人はいませんよね。たとえ、１か月で１０００㎞を走っても太くならないんです。女性ボディービルダーの筋肉が男性ボディービルダーのようなサイズになることもありません。どうしてかというと、筋肉を肥大させるためには男性ホルモンが必要だからです。もし、ちょっとダンベルを上げたり、スクワットをしただけでムキムキになったという女性がいたら会ってみたいぐらいです。女性がボディービルダーのような筋肉をつけるには、かなりのトレーニングが必要なのです。

ムギ　何ていうか、「筋肉」とか「筋トレ」というと、「健康」よりひとつ上のイメージもあると思うんです。もともと健康で余裕のある人が、さらにパワーとかプロポーションを求めてやる特別なことというか。それに対して、柔軟体操は健康に直結しているイメージがあって、ヨガもそれに近い気がします。

エリ　筋トレと言われるとハードルが高いですよね。健康にはなりたいけど、そこまでやらなくてもいいかなと思ってしまいます。

ムギ　あんまりイメージがよくないですよね。中学高校時代に部活でやらされて、耐えなければいけないものという印象が強いからかな。

中野　うーん、日本人は筋肉が嫌いな人が多いんですかね？　特にヘアメイクさんやスタイリストさんは痩せた方ばかりで、筋トレとは真逆の世界の人たちという印象があります。

ナベ　いや、太っているスタイリストもいますよ。

エリ　最近はけっこう鍛えている男性が増えていて、いつもタンクトップみたいな人もいます。「ちょっと露出しすぎじゃないの？」と思いますけど（苦笑）。

ムギ　筋トレをしている人の目指す体つきが、僕らからすると、ちょっと間違っている気がします。テレビではやった筋肉番組の人たちもすごい体だったし。

中野　メディアではどうしてもそういう人たちのほうが目立ってしまうんですけど、ああいうゴリゴリのマッチョを目指しているのはごく一部ですから。

ナベ　もう少し自分が理想とする体型の人がメディアに出てくれれば興味を持つかも。

中野　理想の体型って、どんなイメージですか。

ナベ　細身でシルエットがきれいな体ですね。洋服の仕事をしているので、やっぱり洋服が似合う体型がいいです。一時期、男性で細マッチョがはやりましたけど、そのときに出ていた人も、私からすると「え、これで細いの⁉　ただのマッチョじゃん」と思いました。

まずはエスカレーターをやめてみる

ムギ　体型の話はともかくとして、お話を聞いていて、だんだん健康と運動と筋肉の関係が結びついてきました。これまでそういうふうに考えたことがなかったので勉強になりました。

ナベ　私も初めて知ったことばかりでした。

エリ　健康診断に筋肉量の測定があればもっと意識が変わるかもしれないですね。

中野　確かに、健康診断の項目に入れるべきですね。

ワカ　筋肉があると疲れにくくなるということでしたけど、やっぱり若いときからトレーニングしていないとダメなんでしょうか。

中野　いえ、何歳からでも筋肉はつきます。もちろん20代のほうがつきやすいですけど、60代、70代でも大丈夫です。早めにやっておいたほうがいいというのは、一度筋肉をつくった経験があると短い期間で筋肉が戻るマッスルメモリーという機能が働くからなんです。今、筋トレをしておけば、今後、病気やケガで筋肉が衰えてしまうことがあったとしても、リハビリをすればすぐに戻ります。ところが、一度も筋肉をつけたことがないと、リハビリですごく苦労することになります。だから、できるだけ元気なうちに筋肉をつけておいてほしいんです。

ナベ　効率的に痩せたいと思ったら、どこの筋肉を鍛えればいいんですか？

中野　下半身です。特にお尻や太もも周りですね。

ナベ　そうなんですか⁉　腹筋なのかと思ってました。

中野　「痩せるには腹筋」というのも間違ったイメージなんですよ。20歳を過ぎて運動をしていないと、年に約1％ずつ筋肉量が減っていきますが、腹筋も含めて上半身の筋肉はほとんど減りません。減るのは主に下半身なんです。おなか周りに脂肪がつく原因は腹筋がないからじゃなくて、下半身の筋肉が減ることによって、基礎代謝が落ちるからなんです。その結果、消費しきれないエネルギーが脂肪に変わってお腹周りについていきます。だから、腹筋よりも下半身の筋肉を補うことが一番効率的で賢いやり方です。

ムギ　下半身の運動といっても、ただ歩くだけじゃダメだというお話でしたよね？

中野　そうです。日常生活以上の負荷をかけなければいけないので、筋トレをするか、走るか、あるいは階段を上るというのも効果的です。

エリ　階段の上り下りも運動になるんですか？

中野　非常にいい運動です。以前、3か月間かけて実際に調査したことがあるんですよ。普段まったく運動していない人を対象にして、オフィスや駅でエレベーターやエスカレーターを使わず、すべて階段を使ってくださいとお願いして、筋肉量の変化を調べたんです。そうしたら、他の運動はまったくしていないにもかかわらず、全員の筋肉量が増えていました。それだけじゃなく、有酸素運動をしていないのに体脂肪率も下がっていたんです。下半身の筋肉が増えたことで基礎代謝が増えたからです。

エリ　特別なトレーニングとかだと続かない気がしますけど、階段を上るだけでいいなら、普段からやれる気がします。

中野　簡単に始められるので、おすすめの運動です。ただ、1～3階分だとあまり筋肉を増やす効果がないので、4階以上を目指してみてください。東京の地下鉄だと、ホームから地上まで5階分ぐらいあることもありますから、ちょうどいいかもしれません。

ムギ　でも、常にプラスアルファの負荷を加えなければいけないとおっしゃっていましたよね。ということは、階段の上り下りが日常化したときには、どうすればいいんですか？　もっと激しいことをしなきゃいけないのか、そこでキープすればいいということなのか。

中野　筋肉量で見ると、最初の3か月間から半年ぐらいは増えていって、そこからしばらくは定常状態になると思います。ただ、1〜2年たって同じ階段しか上っていないと、また筋肉は減り始めていきます。

ムギ　やっぱり同じことをしていると減ってしまうんですね。

中野　だから、ちょっとずつ変化を加えたほうがいいですね。階段を1段飛ばしで上るとか。少しスピードを上げるとか。

ムギ　そうやってちょっとずつ負荷を上げていくとなると、10年後ぐらいには大変なことになりませんか？

中野　よくそうおっしゃる方がいるんですけど、まずは始めてみてください。限界まで来たら相談に乗ります(笑)。負荷を上げるといっても、重さやきつさだけじゃなくて、種目を変えるということでもいいんです。階段上りに慣れて、少し筋肉がついたかなと思ったら、ぜひスクワット（p．198参照）に挑戦してほしいです。下半身を鍛えるには最適なトレーニングです。

ムギ　これまで「健康のために運動しましょう」といわれても、自分には関係ないことのような気がしていたけど、ちょっと散歩以上のこともやってみようという気になってきました。

ナベ　そうですね。私も痩せるために階段の上り下りからやってみようかな。

中野　それで筋肉が少しでも好きになってくれたらうれしいです（笑）。

Nakano's Voice

自分の代わりを務めてくれる人がいないフリーランスの人たちにとって、健康を維持することはとても大切ですよね。でも、その一方で時間がない、休みがない、だから運動できないという状況でもある。そんなフリーランスの人には、時間の使い方の工夫をおすすめします。例えば、朝、仕事を始める前や寝る前など、確実にデスクを離れるタイミングに運動を組み込んでみてはいかがでしょうか。

また、フリーランスの場合、さまざまな人脈を持っていて、一緒に運動する人を見つけやすいかもしれません。仲間がいると続けやすいので、ぜひ探してみてください。

CASE

3

地方都市の営業マン編

歩くのは
玄関から車まで。
通勤ランなんて、
あり得ません。

【参加者】

ニシさん ♂40代

PTAの活動でインディアカというスポーツを週1回やっている。ランニングもやっていたが腸脛靭帯炎《ちょうけいじんたいえん》になってやめてしまった。

カメさん ♂50代

子どもの頃からスポーツが得意で野球部のエース。社会人になってからはまったく運動をしなくなり、喫煙とあいまって痩せすぎの体に。

ガクさん ♂40代

高校までは水泳、剣道、スキーなどをやっていたが、今はたまにゴルフに行く程度。筋力の衰えを感じ、運動を再開したいと思っている。

ワタさん ♀40代

スキーのモーグルをはじめ、さまざまなスポーツをやっていたが、病気をしてから運動をしなくなり体重増。ウォーキングでダイエットをしている。

ミツさん ♂60代

以前はゴルフやスキーなどいろいろなスポーツをやっていたが、かれこれ10年以上、運動らしい運動はしていない。

トクさん ♂40代

週3回、小学生のバレーボールチームの面倒をみている。月に1回ほどゴルフもしており、自分では運動不足だとは感じていない。

ヤマさん ♂30代

学生時代はサッカーをやっていた。今は小中学生にサッカーの指導をしている。

健康維持は大変だ！

中野　皆さん生命保険会社の営業マンということですが、人の生死や健康問題に向き合うことが多い職業ですよね。特に最近は、運動をしている人は保険料が安くなる生命保険もあるようです。老後の健康寿命を延ばすためには運動が大切だということはもちろんご存じだと思うのですが、ご自身はいかがですか？　定期的に運動をしていますか？

ニシ　私は週に1回、PTAのレクリエーションでインディアカというバドミントンに似たスポーツをやっています。今は体を動かすといえばそれぐらいのもので、運動らしい運動はしていないです。周りを見渡しても、同業で運動をしている人は少ない気がしますね。

中野　ほかの方はいかがですか？

カメ　私の場合は子どもの頃は運動が大好きで、ずっと野球部で筋トレもバンバンやっていたんです。18歳のときは体重が70kgあって、筋肉モリモリでしたが、社会人になってからまったく運動をしなくなりました。タバコを吸っているせいもあるんですけど、毎年1kgぐらいずつ痩せて、今は50kgです。

ガク　私も高校までは水泳、剣道、バレー、野球、スキーといろいろなスポーツをやって、体を鍛えることも好きでした。ただ、大学に入ってからはほとんど定期的な運動はしなくなり、今はゴルフぐらいですね。瞬発力や筋力がなくなっているのはすごく実感しています。空いた時間でできる運動があればやりたいなとは思っているのですが……。

中野　やりたい気持ちはあるけれど、なかなか実行できないという方は多いですよね。どういう環境があればできると思いますか？　たとえば、会社が勤務時間を減らしてくれたり、スポーツクラブと契約してくれたらやろうと思いますか？

ニシ　私たちの場合は営業職で、お客様に会いに行くのが仕事なので、勤務時間はみんなバラバラなんですよ。だから、会社から勤務時間を短くするといわれても、あまり影響がないですし、契約ジムがあるといわれても、ひと事に聞こえるかもしれないですね。もう少し若かったら、仲間を募って「みんなでやろう！」と盛り上がったかもしれないですが。

ワタ　私は前の会社にいたときは、実はけっこう運動していたんです。学生の頃から

中野　スポーツは大好きだったし、社会人になってからもスポーツクライミングなどをしていました。でも、病気をしてから運動しなくなってしまったんです。

ワタ　差し支えなければ、どんな病気だったのか教えていただけますか？

中野　がんで子宮を全摘出したらホルモンバランスが変わってしまい、17〜18kg太ってしまいました。健康診断で、人生で初めて「肥満」と判定されてしまったんです。さらに、心臓がギュッと締めつけられる症状も現れたので、不安になって病院に行ったら、「心筋梗塞ではないけれども、肥満は死につながる病気だから、なるべく痩せたほうがいい」と言われて、ダイエットのために運動することにしたんです。

ワタ　どんな運動をしていました？

中野　ひたすらウォーキングです。近所の柔道整復師さんに、「どうしたら楽に痩せられますか？」と聞いてみたら、「そんな方法はないから、とにかく歩きなさい」と言われたんです（笑）。それでがんばって毎朝1時間歩いていたら、2年で元の体重まで落ちて、健康診断の数値もすべて正常値に戻りました。そのときに、やっぱり運動は健康に直結することは実感したんです。でも、転職したのをきっかけに、自分に負けてウォーキングをやめてしまったので、5kgリバウンドしてしまいました。

中野　肥満は確かに怖い病気ですし、厚生労働省は数年前までメタボリックシンドローム解消を政策として掲げていました。でも、今はそれほど押し出していません。なぜかというと、iPS細胞の発見により、将来的にメタボはある程度までは医療で治せる可能性が高くなったと考えられるからです。むしろ今、国が進めているのはロコモティブシンドローム（p．57参照）対策です。筋肉や骨が衰えてしまって歩けなくなり、自立した生活ができなくなる人が今後急激に増えるといわれていて、現在40歳以上の人たちの5人中4人が、ロコモ、またはその予備軍とされています。中でも私は、今の40代の人の多くが60歳くらいで要介護になるのではないかと考えています。

ニシ　60歳で要介護ですか⁉

中野　なぜ、そんなことになってしまうかというと、世の中がどんどん体を動かさない方向に進んでいるからです。クルマからスマホまで、テクノロジーがどんどん進化して便利な社会になったのはいいのですが、それに伴って、人間の活動量は格段に減っています。これからリモートワークやテレワークが進めば、家で仕事をする人も増えるでしょうし、買い物はネットショッピングですべて済ませることができるようになる。そうすると、家から一歩も出ないで生活できてしまう時代がやって来ます。実際、すでに１日１０００歩も歩かずに生活している人もたくさんいます。筋肉は、加齢によって衰えるわけではなく、使わないことで減っていくので。そこまで動かなくなると、確実に筋肉は衰えていきます。

ガク　私はまだ40代ですけど、それは実感しています。

中野　逆に言うと、きちんとトレーニングさえすれば、何歳になっても筋肉は増やすことができるんです。

ミツ　私はこの中では最年長で、もう64歳なんですが、それでもまだ筋肉を鍛えることはできるんですか。

中野　60歳になっても、70歳になっても筋肉はつきます。実際、私の祖母がそうでした。祖母は98歳のときに肺がんを宣告されて寝たきりになっていたんですが、このままではいけないと奮起して、筋トレを始めたんです。最初はベッドの上でできるトレーニングから始めて、１０１歳になった今は片足スクワットが20回できます。その姿を目の当たりにして、誰でもきちんとトレーニングをすれば筋肉はつくということを再確認しました。

カメ　我々はまだ若造だということですね（笑）。

中野　ただ、祖母がやったのは、正しい理論に則した、負荷の高いトレーニングです。よく自分で考案した体操をやるお年寄りがいますが、トレーナーにきちんと指導を受けたほうが、より効率的に筋肉をつけることができます。

ワタ　その正しい運動というのがわからなかったので、私は自己流で1日1時間歩いていたんですけど、それは筋肉には何の効果もなかったんでしょうか。

中野　消費カロリーを上げて、体重を減らす効果はあったと思うんですが、私が指導するならもう少しメニューを工夫すると思います。たとえば、1時間使えるなら、45分筋トレをしてから15分ウォーキングをするほうが、運動初期の場合は効率がいいかもしれません。

ミツ　そういうメニューは年齢によっても違ってきますか。

中野　年齢によっても違いますし、性別や運動歴によっても変わります。もっといえば、筋肉量や体脂肪量を正確に測定した上で、その人のライフスタイルに応じて、どういう強度の運動をどういう頻度で行うかを決めていくのがベストです。そういうメニューをカスタマイズをするのが、私たちパーソナルトレーナーの仕事なんです。

トク　やっぱりジムで専門的な指導を受けて、ウエイトトレーニングとかをしなきゃ運動とはいえないのでしょうか？　僕は今、週3回、小学生のバレーボールクラブの手伝いをしていて、自分ではけっこう体を動かしていると思うんです。次の日には筋肉痛も出ます。そういう運動はあまり効果がないですか？

中野　実際に見てみないとわかりませんが、ひとつ言えるのは、筋肉痛が起きたからといって、必ずしも筋肉がつくわけではないということです。トレーニングというのは筋肉の線維に傷をつける行為で、それが修復されることによって初めて筋肉は太くなっていきます。いくらトレーニングをしても、修復のための材料が入ってこなかったり、十分な休息がとれなければ筋肉は強くなりません。

トク　やっぱりたんぱく質をとらなきゃいけないんですね？

中野　たんぱく質だけをとればいいというわけじゃなくて、糖質やビタミンなど、他の栄養素も一緒にとらないと筋肉はつきません。筋肉＝たんぱく質というイメージが強いかもしれませんが、実際には食生活全体のバランスをよくしないと体は変わっていかないんです。あとは、負荷の強さの問題もありますね。筋肉痛は毎回起きていますか？

トク　うーん、毎回ではないかも……。

中野　毎回同じ運動をしている場合、最初は筋肉痛が起きるんですけど、次第に起きなくなってきます。なぜなら、その動作に体が慣れてしまうからです。絶えず新しい刺激を加えないと、体は変化しません。逆に、同じ運動をして毎回筋肉痛が起きるという場合は、栄養や休息に問題があって筋肉が太くなっていないということが考えられます。

ワタ　ということは、やっぱりただ歩くだけじゃダメなんですね。

中野　筋肉をつけるという意味ではウォーキングだけだと難しいですね。普段よりも強い刺激を定期的に与えないと、筋肉はつかないんです。歩く距離を伸ばすか、走るか、ウェイトトレーニングをする。そうやってより強い負荷を加えていくことで初めて筋肉が増えます。そうすると、当然疲れますし、筋肉痛も起きます。でも、それぐらいやらないと、健康の維持増進にはつながらないのです。

ニシ　そこまでやらないと、健康は維持できないんですか……。

中野　そういう時代になってきています。早稲田大学スポーツ科学学術院の岡浩一朗教授の研究によると、先進20か国の中で座る時間が最も長いのが日本だそうです。社会が便利になっていく勢いと、筋肉量の低下が進むスピードを考えると、私としてはすごく危機感を覚えるんです。

運動する人は意識高い系

中野　皆さんの日常の活動量についてもお聞きしたいんですが、営業マンという職業柄、仕事でもけっこう歩きますか？

カメ　いや、車通勤なので、普段はせいぜい玄関から車までぐらいですよ。ほとんど歩かないので、靴は1足買えば、平気で5年はもちます。

中野　皆さん車通勤ですか？

ニシ　そうです。電車で出勤することもできますけど、結局、お客様のところを回るのにどうしても車が必要になりますから。

カメ　東京などは100％電車通勤だものね。たまに東京へ行くと、みんなよく歩いているなと感心します。

ニシ　たまに仕事で東京に行くと、とにかく歩くし、電車の中でもずっと立っているから、すごく疲れるんですよね。日本人は座っている時間が長いというお話でしたけれど、考えてみれば我々はずっと座っていますね。家、会社、車、お客

ワタ　様のところと場所は変わるものの、基本的にはずっと座っている。私は前の会社がデスクワークばかりだったので、そのときに比べると今は3倍ぐらい歩くようになりました。といっても、1000歩が3000歩になったぐらいですけど。ウォーキングをしなければ、ほぼ老人みたいな状態です(苦笑)。

中野　それだけ車社会ということですね。東京では通勤ランをしている人もいますが、そういった人はいないですか?

カメ　ひとりだけいるかな。

ニシ　仮にそれをやったとすると、汗臭くなって、お客様のところに行けなくなってしまいます。会社にシャワー設備とかがあればいいですけど。

カメ　確かに臭いが気になるから、夏は汗をかかないようにするものなあ。早足で歩くと汗が出るから、わざと遅く歩いたりするぐらいで。運動は運動として別の時間にしたいですね。

ニシ　昼休みに町中で走っている人たちも見かけますけど、たいてい県庁の人たちですね。「あの人たちはいいなあ」と思ってしまいます。本人たちはすごく健康意識が高いんでしょうけど。

ワタ　「県職員って暇人?　そんなに体力を使わない仕事なの?」といわれてます。

中野 走っていると、そういうふうに見られることがあるみたいですね。私の知り合いに東京から地方の農家に嫁いだ女性がいます。その人はランニング好きなので、最初は「自然の中で思い切り走れる」と喜んでいたんです。ところが、周りの農家の人から「あの嫁は畑仕事も手伝わないで、走ってばかりいる。しかも裸みたいな格好をして」と陰口をたたかれるようになって、走れなくなったと言っていました。

ニシ そういう雰囲気はけっこうあるんですよ。だから、ランニングで会社に行くというのも「はあ?」と思う人がほとんどだと思います。

ガク こっちの人間はランニングにしても、ジムにしても、相当意識が高くないと行かないですね。8割ぐらいの人は運動しようという意識がないんじゃないでしょうか。自分を振り返ってみても、高校で原付に乗るようになってからあまり歩かなくなったし、車に乗るようになったら、もっと歩かなくなりました。

トク 我々40代が歩かなくなっているのも問題なんでしょうけど、うちの子どもを見ていると、自分の子ども時代に比べると、本当に歩いていないです。スクールバスや保護者の送り迎えもあるので。

中野 学校に自分の足で行かないんですか!?

トク　少子化で学校が統廃合したりして、ちょっと遠くなるとバスが出るんですよ。バスがなければ親が送り迎えします。

中野　子どもの活動量が減っているのも大問題で、まず外で遊ばなくなっているし、公園に行っても結局ゲームをしていますよね。子どもが大人になったときに運動習慣ができるかどうかは、小さいときの家庭環境が大きいといわれているんです。皆さんは休みの日に、家族でスポーツをしたりしますか？

ワタ　うちはダラダラしてます。だから、運動能力テストを見ると、うちの息子は全国平均よりはるかに下。走ったら私のほうが速いぐらいです（苦笑）。

カメ　私は子どもが3人いますが、土日も仕事があったので、小さい頃は一緒に遊びたいのを我慢して働いていました。たまにサッカーの練習の相手をしようとしても、とてもついていけませんでしたね。

トク　これから子どもが中学生になれば一緒にスポーツをする機会もなくなっていくんでしょうけど、スキーと、年1回の登山は続けていきたいと思っています。

カメ　スキーはもうしなくなったな。

ニシ　飽きてるというのもありますね。子どもは連れて行きますけど。

ガク　そうですね。スキーで筋力をつけようという感覚はまったくないです。

カメ　むしろ雪かきのほうがいい運動かもしれない。けっこう全身を使いますからね。

中野　確かに雪かきはすごくいい運動だと思います。生活動作としてはかなり負荷が高いほうです。

ニシ　汗だくになってやりますけど、雪かきを運動と考えている人はいないですね。生きるためにやっているという。市内はそんなに降らないですしね。

ワタ　山のほうはすごいですよ。出るときにかいて、帰ったらかいて、夜中にもかいて。そうしないと家が潰れてしまうので。

トク　実家は豪雪地帯なので、僕が小学生の頃は1階は雪で埋まってしまって2階から出入りしてました。今はだいぶ降らなくなったので、屋根の雪下ろしをすることも減りましたけど。

運動という自己投資

中野　お客様と生命保険の話をするのに備えて、意識的に健康情報を仕入れたり、運動について考えたりということはないですか？

ガク　あまりないですね。健康を得るためにはお金がかかるというイメージもあります。もちろん、病気になればお金を払って健康を買うことになりますが、普通に生活している分には不自由がないので、健康のために時間やお金や労力をかけて現状をよりよくしようとまで思うことはなかったです。こうしてお話を聞いて、自分は正しい情報を知らなかったんだなと気づきました。

カメ　保険業界の場合、不健康になってしまった人のデータ、たとえば、がんについての統計や情報は出回っていますけど、言われてみればもう少し大きい意味での病気の予防とか、健康増進の情報はあったほうがいいですね。

中野　病気になると「やらなければ」と思うけど、それまでは見ないふりをしてしまう。それが人間だとは思うんですが、私としてはそういう人にこそ運動をしてほしいんです。

ワタ　耳が痛いです。私はがんになったことがあるにもかかわらず、最近は健康を維持しようという意識が薄れていたのを自分でも感じます。

中野　それはなぜですか？

ワタ　結果的に命に関わらなかったからです。お客様に保険をご提案するとき、「私みたいにがんになってしまったら保険に入れなくなるので、健康なうちに入っておいたほうがいいですよ」という話をするんですが、ふと、わが身を振り返るときがあります。今は健康的な生活をしているとは言えないですから。ウォーキングをしていたときは痩せるという目的があったのでがんばりましたけど、一度達成したら、気持ちがフェードアウトしてしまったんです。目的がなくなってしまって。あとは、ファンだったサッカーの長谷部誠選手が結婚してしまったのがショックで、痩せる目的がなくなったというのもありましたけど（笑）。

カメ　それは男も同じだろうな。運動してかっこいい体になりたいというのは、健康のためというより、本当はモテたいからかもしれない。

中野　パーソナルトレーニングに来る男性に「目的は何ですか？」と聞くと、「モテたいから」と言う方がとても多いです。やっぱり本能的にはあるのかもしれないですね。

ニシ　そうですか？　私はスポーツをやるのは単純に楽しみのためです。

ワタ　モテたいとかないですか？

ニシ　もちろん学生のときは思いましたよ。でも、今はそういう発想はないかな。

ワタ　でも、女性がダイエットをしたり、運動をしたり、美容に気を遣うのは、やっぱりよく見られたいからだと思います。

中野　女性に話を聞くと、「若さを維持したい」と言う方が多いんですよね。では、なぜ若さを維持したいかというと、男性からモテたいというよりも、同性の目を気にしている。そこが男性との違いかもしれません。

カメ　ジムに行くのは、女性が圧倒的に多いですよね。朝から夕方までジムで過ごす人もいると聞きました。きっと裕福でゆとりがあるんだろうなと思います。その話を聞いて、マズローの「欲求段階説」を思い出したんですよ。いちばん基本となるのは食事や睡眠などの生理的欲求。腹が減っていたら、体に悪いものでもとりあえず食べますよね。腹が満たされたら、次は安全の欲求、社会的欲求、承認欲求、自己実現の欲求と段階が上がっていく。それでいうと、健康のために運動するというのは、かなり次元の高い欲求なんじゃないかという気がします。

中野　確かに、ジムやパーソナルトレーニングに通うには、時間と金銭的余裕が必要なのは事実です。

ニシ　都心と田舎で感度の差みたいなものもありますよね。東京で働いている同級生のフェイスブックを見ていると、ホットヨガとかはやりのエクササイズをやっていて、健康意識が高い感じがします。でも、こっちにはあまりそういう人はいない。都心から引っ越してきた女性から、「ママ友でもネイルをやっているのは私ぐらい。こっちの女性は自分にお金をかけなさすぎ」という話を聞いたこともあります。都心に暮らす女性には、個を確立していて自分を高める意識が高い人も多いのかもしれないけれど、地方で暮らしていると、自分のことより家族や子どもが優先になる気がします。

中野　営業マンとして自分の体に投資するという意識はないですか?

カメ　仕事のための研修には自分でお金を払って行きますけど、それを運動のためにできるかというと……。でも、考えてみると、同業でも稼いでいる人はジムに行っている気がするな。

ニシ　確かに営業成績のいい人はプロ意識が高いです。いつお客様から電話がかかってきてもいいように、お酒をやめたという人もいます。酔った状態で受け答えしたくないからと。

中野　以前、人の紹介で保険会社の方とお会いしたことがありますが、すごく高級なスーツを着て、豪華な時計をして、ギラギラした男性だったんです。いかにも高給取りですという感じで、おなかも出ていたし。正直「この人が担当で保険に入るのはイヤだな」と思ってしまいました（苦笑）。すごく不健康そうな営業マンが来たら、「この人、大丈夫かな」とちょっと不安に思ってしまう気がします。

カメ　「私のようになってはいけませんよ」というスタンスでもダメですか。

中野　あまり説得力がないかもしれません（苦笑）。アメリカでは自分をコントロールできない人間は部下もコントロールできないといわれるので、ビジネスマンがトレーニングをして体型を維持したり、外見に気を遣うのは当たり前のことになっています。そのあたりはどうですか？

ニシ　私たちの業界も、すでにそういう基準で判断される部分はあります。

ヤマ　見た目のよしあしよりも、お客様にどういう印象を与えるかということに意識がいかないというのは問題ですよね。

カメ　見た目にこだわって、指の毛とかもぜんぶ抜いている人もいるよね。「俺もやろうかな」と言ったら、同僚から「そのほうが気持ち悪い」と言われてやめたんだけど。

中野　もちろん見た目がすべてというわけではなくて、トレーナー業界の場合も、筋肉モリモリのトレーナーってあまりクライアントから指名が入らないんです。それほどモリモリでない普通体型のトレーナーのほうが人気があったりします。

ワタ　あ、それはわかります。ボディービルダーみたいなムキムキの人が出てきたら、引きますもん。

中野　そうなんですよね。「この人には自分の気持ちがわかってもらえないだろう」と思われてしまうらしくて。体型よりも、笑顔がよかったり、人当たりのよいトレーナーのほうが人気があります。

これでいいのか子どもたちの運動環境

ヤマ　私はサッカーの指導をしているので、子どもたちの運動の環境もすごく気になります。昔よりよくなったとはいえ、子どもたちにとって運動はまだ「やらされるもの」。特に中学校の部活はその傾向が強いと思います。でも、スポーツって楽しんでやるということもとても大事だと思うんです。中野さんは日本の子どもたちのスポーツ環境について、「もっとこうなったらいいのに」という理想はありますか？

中野　私は学校の部活や体育にトレーナーが入るべきだと思っています。たとえば、体育の授業ではいまだに準備運動で静的ストレッチをしているところが多いですよね。静的ストレッチは準備運動としては効果がなくて、運動後にやるべきなのですが、多くの体育の先生たちにはそういう基礎知識が欠けています。部活でも、監督や顧問の先生に傷害予防の知識がないせいで、過剰な負荷のかかる練習をさせてしまっているケースが多いです。まだ骨の形成が終わっていない子どもたちにサーブ練習だけ何百回もさせたり、素振りを何千回もさせたら、関節を壊してしまう危険があるのに。

講演会で子どもたちに、「練習で肩を使ったらアイシングをするように」と言うと、みんな「できない」と言うんですよ。「監督の前でアイシングをしたら、ケガをしていると思われて、レギュラーに選んでもらえなくなるから」と。練習のしすぎで実際に骨格が変形してしまっている子もかなりいます。そういう悲惨なことが、日本の体育、部活の現場ではまだ起きているんです。そこを変えるためにも、トレーナーがもっと学校に入って行ける環境をつくらなければいけないと感じています。

ガク　私には中学生の娘がいて、部活をやっているんですが、太るのを気にして勝手に食事を抜いたりするんですよ。私ではちゃんとしたアドバイスができないので、学校にプロの人がいてくれたら、親としても安心できます。

中野　食事に関しては両親の役割も大切だと思います。練習の後はどういう栄養素が必要で、どれぐらいの量をとらせなければいけないかといったことは、親が学んで管理するのが理想的です。

ワタ　母親の立場から言うと、それを家庭だけに求められるというのは厳しいですね。

やっぱり仕事を持っていると、そこまで完璧にはできません。私の怠慢もあるんですけど、学校で食育をしてくれたり、栄養士さんが考えた正しい給食にしてくれるとありがたいです。

中野　食育はすごく重要だと思います。というのは、成長期に必要な栄養素をバランスよくとれていないと、骨密度が上がっていきません。骨密度というのは、20歳頃でピークを迎えて、そのあとは下がっていく一方。ピークの値が高ければ大丈夫なのですけど、低いところから減っていくことになると、早い段階で骨《こつ》粗《そ》鬆《しょう》症《しょう》になってしまいます。

カメ　大人になってから骨密度は上げられないんですか。

中野　下がるのを緩やかにすることはできますが、上げることはできません。発育の段階で頂点を高いところにもっていくことが大事です。子どもの骨密度が上がらない要因としては、カルシウム、ビタミンD、ビタミンKの不足、それから運動量の不足が挙げられます。もうひとつ、今の子どもたちの場合、リンの過剰摂取も問題になっています。加工食品やインスタント食品、レトルト食品、お菓子などにはリンが多く含まれているので、そういうものばかり食べている子どもたちは骨密度が低い状態になってしまうんです。

ワタ　現実にはそういう食材が頼りなんですけどね。

中野　それもわかります。でも、できるだけ手づくりで栄養バランスのよい料理を食べさせてあげてください。私が教えている学生の中に、どれだけハードな練習をしても疲労骨折を起こさない選手がいるんですよ。話を聞いてみたら、両親ともにコックさんで、出来合いのものは食べさせないという環境で育ったそうです。
実は私も子どもの頃、添加物の入った食品や出来合いのものは食べさせてもらえませんでした。でも、そのおかげかいまだに大きなケガも病気もしていないので、親には感謝しています。お母さんとしては大変なことはもちろんわかりますが、子どものときの食生活は非常に重要なので、ぜひ気を遣ってほしいと思います。

この不調、運動で治る？

カメ　多くの人は、体重を減らすために運動をするじゃないですか。でも、私の場合は何もしないと痩せていって、筋力も相当低下している自覚があります。この間、交差点を渡っているときに信号が点滅したので、走ろうかなと思ったら、足がピキッとなって走れなかったんですよ。さすがにこれはやばいなと。60歳で歩けなくなって介護を受けるとしたら、私が最初の候補だと思います。

中野　体重はずっと減り続けているんですか？

カメ　高校を卒業してからずっと減り続けていたんですけど、5年間だけ増えた時期があります。それは禁煙していたときなんですよ。その期間は週に4～5回ジムに通って、2時間ウォーキングと筋トレをしていました。そうしたら5年間で8kg増えたんです。でも、またタバコを吸い始めて、ジムもやめてしまったら、6週間であっという間に8kg痩せました。私の場合、タバコを吸うと食欲がなくなり、食事が1日1食になってしまうんです。

中野　タバコを吸っていると、筋肉が増えるスピードが遅くなるのと、食欲も抑えられてしまうので、栄養素も足りなくなります。今はいい禁煙補助薬もありますし、禁煙外来を受診するといいと思いますよ。

カメ　何度も禁煙して、禁煙補助薬も使ったんですけどね。やめきれない。

中野　何がタバコに引き戻すんですか？　周りの環境ですか？

カメ　5年間禁煙したのは、親父が肺がんになったのがきっかけでした。親父の手術の日から禁煙を始めて、5年間はタバコなんて吸いたいとも思わなかった。ところが、親父が亡くなって葬儀で実家に帰ったとき、隣で姉がずっとタバコを吸っていたんです。それをもらいながら1週間過ごしているうちに戻っちゃった。禁煙してきれいな体になったら、運動したいという気持ちはあるんですけどね。タバコを吸いながらでも、運動をしたほうがいいですか？

中野　まずタバコをやめることが先だと思います。いま年齢はおいくつですか？

カメ　51歳です。

中野　年齢がもう少し若かったら同時にやってもいいかもしれませんが、50歳を過ぎてくると、運動中のリスクも出てくるので、やはり禁煙が先でしょうね。

カメ　そうですよね。自分でも心臓に負担がかかりすぎる気がします。あと酒も飲むのですが、それもやっぱり問題ですか？

中野　適度だったらいいのですが、飲みすぎてしまうと問題ですね。過度の飲酒は筋肉量を減らすといわれていて、最大のデメリットは睡眠の質が下がることです。眠りが浅いと疲れやすくなるし、集中力も続かなくなります。結果的に運動しようという気もなくなってしまいます。

カメ　すべて思い当たる節があります（苦笑）。もうひとつ、ひざの軟骨のすり減りも気になるのですが、やっぱり筋肉があったほうが減らないですか？　運動をしすぎると減るようなイメージもありますが。

中野　いや、むしろ運動をしないほうが問題ですね。変形性膝関節症《へんけいせいひざかんせつしょう》というのですが、軟骨が壊れていくとトゲトゲができて、それが周りの組織に挟まれて痛みが出るんです。その原因となる軟骨の損傷は、ひざを動かさないことによって起こります。

カメ　すり減らしてはいかんと思ってなるべく動かさないでいたんですけど、逆だったんですか……。

中野　軟骨には血管が通っていないので、食事からとった栄養素が直接運ばれていくことはありません。では、軟骨はどうやって新陳代謝するかというと、関節の中にある関節液から栄養を得るんです。軟骨というのはスポンジ状の組織なので、ひざを動かすとグーッと潰れていって、戻るときに関節液をギュッと吸収する。だから、ひざの曲げ伸ばしを繰り返していれば、軟骨は修復されていくんです。でも、ずっと動かないでいたら、新陳代謝が起きず壊れていってしまいます。

ニシ　私は以前ランニングをしていたのですが、ひざが痛くなって長い距離を走ることができなくなりました。病院に行ったら腸脛靱帯炎《ちょうけいじんたいえん》だと言われたんですが、これは治すことができるんでしょうか？

中野　ストレッチと筋トレをするといいと思います。腸脛靱帯炎はO脚気味の人がなりやすいといわれていて、靱帯とひざの骨がこすれて当たることで痛みが起きます。腸脛靱帯は大腿筋膜張筋《だいたいきんまくちょうきん》や大殿筋《だいでんきん》とつながっていますが、その筋肉に柔軟性がないと、靱帯がグッと引っ張られて、骨とすれてしまいます。だから、ストレッチ（p．２０４参照）で太ももやお尻の筋肉の柔軟性を高めることが大切ですね。

ニシ　整形外科のリハビリで教えてもらったストレッチをしたら、確かにちょっとよくなった感覚はありました。３㎞で痛くなっていたのが、５㎞ぐらいまでもっようになって。

中野　それを継続して柔軟性を上げていけば、再発は予防できる可能性はあると思います。それから、内転筋といって、太ももの内側の筋肉が弱いとO脚になりやすいので、内転筋のトレーニングも併用していくといいですね。

ガク　腰痛もひざと同じようにトレーニングやストレッチで治せますか？

中野　腰痛の場合はもう少し複雑で、必ずしも運動不足や筋肉量の低下、柔軟性の低下と関係があるとはいえません。もし筋力や柔軟性の低下が原因で腰痛が起きるなら、高齢者のほうが発生率が高いはずですよね。でも、実際はそうではない。30～50代の働き盛りで、都会の事務職の人に多いそうです。最近の研究では、腰痛には、ストレスが大きく関わっているともいわれています。

ワタ　自律神経などの問題ですか？

中野　正確にいうと脳内物質が関係しています。そもそも人間の体はいろいろな場所で絶えず痛みが生じています。普段それを感じないでいられるのは、脳内でオピオイドやドーパミンが分泌されているからです。ところが、ストレスがあるとその分泌量が減り、いろいろなところが痛いと感じるんです。虫歯じゃないのに歯が痛いとか、血行不良ではないのに肩が痛いということがあるのは、そのためです。それが特に顕著に表れるのが腰で、腰痛の85%は心因性といわれています。

これからのパーソナルトレーニング

ニシ　20～30代前半ぐらいまでは、ちょっとしたことで体型を維持できるし、体力もまだ貯金がありました。でも、そこから10年たつとそんな貯金は使い果たしていて、体型もどんどん崩れていく。将来そうなることに30代で気づけて、「ここから一気に下り坂」ということがわかっていれば、何か手を打ったかもしれません。でも、まったく気づかず、今、完全に下りきっている感じです。だから、こうして話を聞いていると心にグサグサ刺さってきますね。「やらなければ」と

ワタ　思いますけど、仕事で疲れて帰ってきて、「また汗をかくのか」と思う面倒くさがりの自分もいる。ただ、それは言い訳なので意識改革をしていこうと思います。私も運動しなきゃという気持ちが強くなりました。本当に良質な筋肉をつけて、健康的になるために、パーソナルトレーナーのところに通うとしたら、どのぐらいのお金がかかるんですか？

中野　東京だと1時間で平均6000円ぐらいですね。新人トレーナーなら2000～3000円。トップの人たちが1万2000～3万円ぐらいです。

ワタ　それを週何回やればいいんですか？

中野　パーソナルトレーニングであれば週1回というパターンが多いです。良質なトレーニングであれば、週1回でも健康を維持できるといわれているので。

ワタ　それをずっと続けていけば、年をとっても病気や要介護状態にはならないということですね。

中野　そこまで考えてくれる優秀なトレーナーであれば、という条件つきですが。

ワタ　そういうトレーナーは東京のような大都市以外にもいますか？　明日から運動をしようと思ったとき、どこに行って、誰に教わればいいのかわからないというのが正直なところなんですけど。

中野　そうなんですよね。よく質問をされるのですが、なかなか難しい問題です。もし私が保険に入るとしても、どこが正しく自分の人生を考えてくれる保険会社なのかわかりません。ではどうするかというと、やっぱり人づてになると思うんです。ネットで検索して「ここにしよう」と決めるのは勇気がいると思うので。

ガク　ただ、口コミを聞こうにも、周りにパーソナルトレーニングに行っている人がいない場合はどうしたらいいですか？　鍛えるならいちばん効率のいいやり方を教えてもらいたいですし、いっそのこと東京まで行くとか？

中野　これまでもそういう相談を受けることが多かったので、今、一般社団法人フィジカルトレーナー協会という組織を立ち上げて、トレーナーの育成に力を入れているところなんです。私たちが提供する教育プログラムを受けてもらい、厳しいテストに合格したら認定を出しています。認定されたトレーナーであれば、私としても自信をもって勧められます。

ガク　そういうトレーナーはこの地域にはいないんですか？

中野　いるんですが、まだ受験中ですね。

ガク　その人が受かったら、第1号の生徒になろうかな。

中野　プログラムを始めてから3年目で、少しずつ合格したトレーナーの数が増えてきています。たぶんもう少しで、協会のホームページでも紹介できるようになると思います。さらに、いろいろな企業と提携して、会社が費用の一部を負担してくれる形にすれば、社員の方も断然通いやすくなると思うんですよね。そういうプロジェクトにもトライしていきたいと思っています。

Nakano's Voice

まったく時間がないわけではないのに、運動に取り組めない人は、「本当に運動が嫌い」な人なのだろうと思います。そういう人に無理やり運動しなさいとも言えません。ですから、まずは遊びに行くような感覚で、「楽しいかも」と思える経験をしていただきたいですね。都市であれば、さまざまな運動の機会があると思います。ジムの体験グループレッスンなどでもよいので、自分の仕事と生活環境の中で、無理なくトライできるものを探すところから始めてはいかがでしょうか。

CASE

4

看護師編

勤務時間が
不規則でハード。
運動する時間なんて
ありません！

【参加者】

ハナさん
♀ 30代

看護師。育休中。子どもの頃はクラシックバレー、学生時代は柔道をやっていた。運動は好きだが、ひざに痛みがあり、今は犬の散歩程度。

セツさん
♀ 40代

看護師。3人の子育ての真っ最中。学生時代は国体に出たこともあるテニス選手。結婚して子どもができてからは、ウォーキングがやっと。

アキさん
♀ 30代

看護師、助産師。独身。今は大学院で勉強中のため仕事はお休み中。スポーツ経験はなく、運動もしていない。

肉体的にも精神的にもタフな人が看護師になる

中野　皆さんは糖尿病など生活習慣病の怖さはよくご存知ですよね。自分の足で歩けなくなって要介護になった人の大変さも見ているでしょう。そういう患者さんに接する中で、自分自身も今のうちから健康のために運動しておこうと思うことはありますか？

ハナ　私は高校まで柔道をやっていて、もともと体を動かすのは大好きなんですよ。ただ、今はひざが痛くてほとんど運動はしていません。太っているからひざが痛いのか、ひざが痛くて動かないから太っているのか、よくわからない感じです（苦笑）。そもそも看護師の場合は基本が立ち仕事で、バーベルを上げるように患者さんを持ち上げたりもします。仕事が運動みたいになっちゃって、仕事で疲れた後に「ジムへ行こう！」という気にはなれないんですよね。

中野　周りの看護師さんも運動している方はあまりいないですか？

ハナ　趣味でゴルフをやっている人はいるかな。うちの病院に関しては、むしろ年齢が上のおばちゃんたちのほうがパワフルですよ。

セツ　私たちみたいに子育て中だと、運動するのは現実的に難しいと思うんですよ。これから子どもにどれだけお金がかかるか心配で、あまり自分のことにお金をかけられないということもあります。独身や子育てを終えた世代のほうが運動する余裕があると思います。私も独身時代はいろいろやりましたよ。スポーツは大好きでテニスは学生時代から続けていたし、スキューバダイビングもやっていたけど、子どもができてガラッと変わりました。ダイビングに関しては、子どもがいるのにそんな危ないことはできないと思うようになりました。テニスならまたやりたいと思うけど、たぶん今やったら腱《けん》をブチッと切るかな（苦笑）。だから、体を大事にする方向に行ってますね。

アキ　会社員の友達の中には、「暗闇フィットネス」とかスキューバダイビングとかをやっている人がけっこういますけど、看護師をやっていると時間がないんですよね。夜勤もあるから、休みの日は時差を直すだけで終わっちゃうことが多いですし。

中野　最近の働き方改革で、昔に比べて休みがとれるようになったりはしていないんですか？

アキ　シフトが決まっていて、気軽に休みをとれる雰囲気じゃないです。

ハナ　ずっと人手不足だしね。

中野　うーん、やっぱり医療界の現実は厳しいですね。仮に人手不足が解消されて、休みが増えたら運動すると思いますか？

ハナ　今の状態だと休みをもらうことに罪悪感があって、「ごめんなさい。明日から馬車馬のように働きます」と思っちゃうんですよ。人材が潤って、休みが増えて、なおかつお給料も増えれば、もっと運動できると思うんですけど。

セツ　それでも私はしないかな。休みをもらえるなら、とりあえず自分の時間がほしい。運動よりもエステやマッサージに行って、体のメンテナンスをしたい。

中野　たとえば職場にジムがあったらどうでしょう？

アキ　私の病院はあるんですよ。運動器具がけっこうそろっていて職員は使えるようになっています。でも、やっているのはドクターとか、もともと運動が好きな人たちですね。看護師も休みの日にやっている人はいましたけど、40人に1人いるかどうかという感じです。

中野　そんなに少ないんですね……。

アキ　まず、職場でやるというのがぜんぜんリフレッシュにならないじゃないですか。

病院って、やっぱりけっこうストレスのかかる場所なんです。「お産です」と連絡が来たら食事中でもすぐに戻りますし、夜勤の仮眠中も問題があればすぐに起きなければいけないし、ずっとドキドキしていて、なかなか心が休まらない。だから、オフの時間は別の空間で過ごしたいというのがありますよね。

中野　立ち仕事で、休みも少ないし、夜勤もあって勤務時間も長い。患者さんを持ち上げたりする力仕事もある。看護師さんになろうという人はそもそも自分の体力や健康に自信がある人が多いんでしょうか？

セツ　ある意味ではタフですね。

アキ　筋力や体力があるかは別にして、精神的にタフじゃないとやっていけないと思います。

ハナ　学生の段階でかなりふるいにかけられるので、看護師になっているという時点で体力的にも精神的にもタフというのはあるかもしれないです。私たちの仕事には、目の前で人が死んでいくという厳しさがあります。実習初日の午前中でくじけてしまう子はくじけてしまうんですよね。
実際に働き始めると、慣れない夜勤で生活サイクルが狂ってしまって、今が朝なのか、昼なのか、夜なのかわからなくなってしまうんですよ。「ああ、こんなにしんどいんだ、夜勤って……」みたいな。それを乗り越えられるかどうかですね。

日常生活に運動を取り込みたい

中野　たとえば、いまから10年後、20年後、こういう仕事をして、こういう生活をして、こういう自分でありたいというイメージはありますか？　その中に運動があるかどうかも含めて聞かせてください。

アキ　私は一生働きたいと思っているんですけど、普段やっていることがもう運動という感じですね。特別に運動の時間をつくるというのではなくて、歩いている時間とか、家で何かしている時間も含めて、体を動かすことだと思うから。何かきっかけがあれば始められるかもしれないけど、「何年後にこの運動をやろう」というようなイメージは持てないです。

ハナ　私は子どもの手が離れたら、またいつかジムに行きたいです。もともと筋トレはめっちゃ好きで、バーベルをガッと上げている男の人の腕や背中の筋肉を眺めるのも好きなんです。働き始めてしばらくは日勤だけだったので、そのときは週5回ぐらい筋トレに行ってました。今はそれどころではなくなったのでやめましたけど。

中野　やはり子育てをしていると無理ですか。

ハナ　そうですね。でも、いつかはやりたい。ただ、その頃にはきっともう体が動かないかも（笑）。

中野　皆さんそれだけハードな仕事をしていて、今後、年齢を重ねていったときに自分のメンタルや体がもつか、不安になったりすることはありますか？

セツ　今は子どもとの時間を大切にしたいと思っているので、自分のために時間を使えるのは定年後、働かなくなってからかな。そのときの自分に何かできるのかなとは思います。老いや体調の問題で運動はできないかもしれない。そう考えると、今から細々とでも運動したほうがいいんだろうとは思いますけど。

ハナ　うちの病院には65歳でまだ現役、夜勤もバリバリやりながら、趣味でフラダンスをやっている人もいるし、やる気になればできるんじゃないかな。

中野　できると思いますよ。実は、日本人女性に体力テストをすると、30代よりも60〜70代のほうが腕立て伏せができる回数が多いことがあります。子育てが終わった人が運動をするようになって筋力をつけているということだと思います。

セツ　「運動しなければいけない」と思うと、それ自体がストレスになるから、「あ、気がついたらやってるじゃん」みたいな感覚になれるほうが、子育て世代には取り入れやすいですよね。家事の中にエクササイズになるものがあればベストだと思うんですけど。

中野　よく「赤ちゃんを抱っこしたり、家事で重いものを持ったりするのは、運動になるんですか」と聞かれるんですが、日常動作レベルだと運動としての効果はほとんどありません。重いものを何回も上げたり下ろしたりして、筋肉の収縮と伸長を繰り返すことで初めて運動になります。だから、家事で多少重いものを持っても、それで筋肉が増えることはほぼないんです。

セツ　うちは3階建てなので、日々階段の上り下りだけでもけっこう動いていると思うんですよ。1階で洗濯が終わったら2階のベランダに持っていって干して、取り込んだらまた1階に持っていくとか、買った食材を中2階のキッチンまで運ぶとか。日常的には体を動かしている気はするんですけど、それも日常生活動作と言われたらそれまでのような気もするし……。

中野　いや、それは運動になっていると思います。階段を上るというのはすごくいいエクササイズで、消費カロリーや筋肉が増える効果はランニングとほぼ同じです。

ハナ　セツさんは歩くのがすごく速いんですよ。「あれ、今あっちにいたよね？　何でもうここにいるの？」みたいな。

中野　たぶん階段で足腰を鍛えているからでしょうね。

スポーツジムに入会してみたものの……

ここで、ハナさんの友達で会社員のメイさん、ランさん、ハナさんの妹のリサさんが飛び入り参加。看護師ではないが、働く女性の運動事情を聞いてみた。

メイさん ♀30代

カナさんの友達、会社員。ダイエットを目的にジムに入会したものの、最近は足が遠のいてしまっている。

ランさん ♀30代

カナさんの友達、会社員。学生時代はダンスをやっていた。マラソン完走歴あり。パーソナルトレーニングに通い始めたところ。

リサさん ♀30代

ハナさんの妹、鉄道駅員。独身。姉同様クラシックバレー、柔道をやっていた。今は熱心にウォーキングをやっている。

ハナ　メイさんとランさんは、最近ジムに通い始めたんだよね？
メイ　はい、数か月前から通っています。ただ仕事が忙しくて、最近はあまり行けてないんですけど。
ラン　私はパーソナルトレーニングのジムに入会したところです。
中野　お二人はどんな仕事をなさっているんですか？
メイ　私は通信系の会社でデスクワークをしています。
ラン　私もデスクワークですが、スポーツ関係の会社なので、運動をしている人が多いんです。私は運動は好きじゃなかったんですけど、1年前にフルマラソンに挑戦しました。
中野　運動嫌いなのに、どうして走ろうと思ったんですか？
ラン　うちの会社には「マラハラ」があるんです。
中野　マラハラ？

ラン　マラソン・ハラスメントです（笑）。毎年、地元のマラソンの応募の時期になると、「走らないの？」という声がかかるんですよ。しつこく言われるから、抽選だし、応募するだけしてみようと思って申し込んだんです。そうしたら、抽選に当たってしまって……。走るのは苦手だけど、フルマラソンを走り切れたら、きっとこれから先、どんなことでも乗り越えられるようになるんじゃないかと思って、チャレンジすることにしたんです。

中野　走ってみてどうでした？

ラン　練習不足だったので、スタートしてたった３㎞で足が痛くなってしまったんですよ。「まだ39㎞あるけど、どうすればいいの⁉」と、パニックになりました。でも、応援に来てくれた友達や同僚に励まされながら、何とか制限時間の15分前にゴールできました。感動してめっちゃ泣きましたね。

中野　じゃあ、また走りたいと思いますか。

ラン　いいえ、もう卒業しました。目標を持ってがんばるのっていいなとは思ったんですけど、マラソンはつらすぎます。他の運動にしようと思って、筋トレを始めることにしたんです。

中野　筋トレにしようと思った理由は何だったんですか？

ラン　マラソンで足が痛くなったのはきっと筋力不足が原因だし、昔、ダンスをしていたときにひざを痛めたこともありました。もう少し筋肉をつければ、そういうこともなくなるかなと思って。もうすぐ40歳になるんですが、まだ老けたくないし、体力もキープしたい。そのためにはジムできちんとトレーニングしたほうがいいかなと思ったんです。

中野　正しい選択だと思います。メイさんは、どうしてジムに通い始めたんですか？

メイ　ダイエットのためです。これまでまったく運動をしていなくて、ちょっと太ってきてしまったので、とりあえず会社と同じビルに入っているジムに行ってみたんです。行く前は「ムキムキの人ばかりだったら怖いな」と思っていたんですけど、実際は私と同じようにダイエット目的のぽっちゃりした人もいて、親近感を持てる雰囲気で安心しました。トレーナーさんも一から優しく教えてくれて、これなら初心者の私でもやっていけると思って、最初はちゃんと通っていたんですけど……。

中野　だんだん足が遠のいてしまったと。仕事が忙しいというのがいちばん大きな原因ですか？

メイ　それもあるんですけど、オフィスが移転して、ジムが遠くなってしまったんですよ。別の店舗に行けばいいんですけど、なかなか行く気になれなくて……。結局はやる気の問題ですかね。まだ挫折はしていないつもりなんですが。

ラン　私も以前、普通のジムに入ったことがあるんですけど、ぜんぜん行かなかったです。家から2分ぐらいの距離だったのに（苦笑）。それで自発的に行くのは難しいとわかっていたから、今回はパーソナルトレーニングにしたんです。トレーナーさんとマンツーマンなら続けられそうな気がして。

中野　そういう理由でパーソナルトレーニングに来る方は多いですね。

メイ　ジムに通い続けるためのコツってありますか？　やっぱりパーソナルトレーニングのほうがいいんでしょうか。

中野　必ずしもパーソナルトレーニングでなくてもいいのですが、一緒にやる人がいるというのが大事なんです。アメリカのデータによると、運動を続けられている人の多くは一緒にやる人がいるそうです。家族でもいいし、友達でもいいし、ジムに行く仲間ができると続けやすくなると思います。

セツ　ビフォーアフターのビジュアルで話題になったジムはどうですか？

中野　「自分は意思が弱いから叱ってもらわないとできない」という人にはいいかもしれません。ただ、食べた物にも細かく指導が入ります。そのような指示命令型の指導が苦手な方だと、そこで長期的に運動を続けるのはちょっと大変かもしれないです。

メイ　前の会社の上司がそこに通っていて、体型が明らかに変わったのですごいと思いました。でも、食生活を聞いて、私には絶対に無理だと思いましたけど。

中野　徹底的に糖質制限しますから、痩せるには痩せます。

メイ　でも、リバウンドするとも聞きました。

中野　急激に体重を落とすと、リバウンドしやすいという面はあるかもしれません。基本的に1か月で2kg以上体重を落としてはいけないのです。それ以上落とすと筋肉量も減ってしまって、結局、痩せにくい体になります。人間の体にはホメオスタシス（恒常性）という機能が備わっていて、短期間で変わった体は元の状態に戻ろうとするんです。そうならないためには、最低4年かけて長期的にゆっくり体を変えていく必要があります。

その情報、間違ってます！

メイ　ダイエットについていうと、実は私、おなかや太ももに貼って振動させるだけで筋肉がつくというグッズも試したことがあるんです。「これだったら私でも続けられるかも」と思って10万円ぐらい出して買ったんです。何か月か続けたんですけど、冬になって貼るのが寒くなってきたのを機にやらなくなってしまいました。失敗だったなと思っています。

中野　残念ながら電気で筋肉を動かすのは、筋肉をつけるための運動ではないので効果はありません。

メイ　そうなんですか⁉　私は信じてしまったんですけど。

中野　あれで筋肉がつくのであれば、理学療法士などがリハビリを嫌がる人などに使うはずですよね。でも、医療機関では使われていません。

メイ　でも、ＣＭにはプロのアスリートが出演してますよね。

中野　アスリートがああいう商品のＣＭに出たり、コメントしたりするのは、競技を続けていくためにスポンサー料が必要だという事情などもあるのではないでしょうか。

メイ　ブルブルッと震えてマッサージする機器みたいなのも意味がないですか？

中野　マッサージ効果はあるかもしれません。ただ、筋肉がつかない限り、シェイプアップ効果はありません。

メイ　私も質問があります。私は子どもの頃からずっと上半身が細くて、下半身が太いというのが悩みなんです。運動をしても、ダンスをしてもずっと同じ体型のままで、それはどうすればいいんでしょうか？

中野　女性に多い悩みなんですけど、足が太いとか、腕が太いとかいうのは生まれもったその人の体型なんです。「下半身だけ細くしたい」というのは、「この芸能人の顔になりたい」というのと同じことで、整形手術をするぐらいのことをしなければ変わりません。だから、もし下半身が太いと思うのだったら、それに見合うように上半身のボリュームをつけるしかありません。そうすればバランスのとれたスタイルに見えるはずです。

ラン　この前、トレーナーさんから5kg体重を増やすように言われて、「えぇ、5kgも!?　いやだ～」と思ったんですけど。

中野　体重を増やすというより、筋肉をつけましょうという意味だと思います。女性の場合、どうしても体重が気になると思うんですけど、重要なのは、筋肉と体脂肪のバランスです。特に最近の若い女性は痩せようと思うあまり、摂取カロリーが極端に少なくなっているケースが目立ちます。女子高生でダイエットをしている子たちを調査すると、一日の摂取カロリーが１０００㎉を切ることさえあるんですよ。そんなことをしていたら筋肉量が減って、かえって体脂肪率が上がってしまいます。多少摂取カロリーが上がってもいいので、バランスよく食べて筋トレをしたほうが、効率的にダイエットできます。

ラン　ダイエットには有酸素運動がいいとも言いますよね。筋トレだけではなくて、やっぱり有酸素運動もしたほうがいいんですか。

中野　それはどういう体をつくりたいかによります。もし筋肉をつけるのがメインなら筋力トレ９割、有酸素運動１割がいいでしょう。逆に筋肉はつけたくない、脂肪だけ落としたいなら有酸素運動を９割、筋トレを１割にしてください。

ラン　私は全体的に体力を高めて、冷え性や貧血も治したいと思っているんですけど。

中野　筋肉量を測ってみないと確かなことは言えませんが、冷え性ということは、たぶん筋肉量が少ないんだと思います。ダイエットや体づくりを始めるときに、まず最初にやってほしいのが自分の筋肉量を正確に測ることです。今は高性能な体成分分析装置があって、体脂肪率や筋肉量を精密に測定できます。そうすると、身長に対して筋肉量が見合っているか、体のどの部位に筋肉が足りないのかがわかるんです。

ラン　そういえば、あるジムに体験レッスンで行ったとき、腕や足の筋肉量を細かく測ったデータを出してもらったことがあります。

中野　それをパーソナルトレーナーに見せれば、プランを考えてくれると思います。それに従って長期的にトレーニングを続けていけば、きっといろいろな悩みが改善していくと思いますよ。

セツ　スポーツで減量をした経験がある人たちって、その気になればいつでも痩せられると言いますよね。

中野　そういう人もいますが、個人差があると思います。ただ、筋肉にはマッスルメモリーという機能があるので、若いときにトレーニングをしていた人ほど、筋肉を戻しやすいのは間違いありません。

セツ　何年ブランクがあっても戻るんですか？

中野　基本的に戻りますが、短期間につくった筋肉はマッスルメモリーの機能が弱いんです。それに対して、4～5年かけてじっくりつくった筋肉は筋線維の中の核の数が多いので、元の状態に戻りやすいことがわかっています。そういう意味でも、時間をかけて焦らずゆっくりトレーニングするのが大事なんです。

リサ　よく筋肉が落ちて脂肪になると痩せづらいと聞きますけど、あれは本当ですか？

中野　都市伝説みたいなものだと思います。筋肉と脂肪はまったく違う組織なので、そもそも筋肉から脂肪には変わりません。

リサ　じゃあ、腹がたるんで肉がつくというのは……

中野　筋肉が減って、その上に脂肪がついたということで、筋肉が脂肪に変わったわけではないですね。

ハナ　ということは、私のおなかは筋肉の鎧《よろい》と脂肪の鎧が二重奏になっているということですか⁉

中野　そうかもしれません（苦笑）。腹筋についてはとにかく誤解が多くて、よく毎日何百回も腹筋運動をしている人がいますよね。あんなことをしなくても、脂肪を落としさえすれば、腹筋は割れて見えるようになります。では、脂肪を落とすにはどうしたらいいかというと、下半身の筋肉を増やせばいいんです。それによって基礎代謝を増やして、さらに有酸素運動もすればどんどん脂肪が燃えて、おなかは自然にへこんできます。

リサ　私は今、1時間ぐらい歩いて、そのあと3分ぐらい腹筋運動をやっているんですけど、効果ありますか？

中野　痩せたいなら順序は逆のほうがいいですね。筋トレをやってから有酸素運動をしたほうが脂肪の燃焼率が上がります。

ハナ　私は赤ちゃんを抱っこしながら犬の散歩をしているんですが、効果的な歩き方というのはありますか？

中野　ダイエット効果を上げたいなら、やっぱり息が弾むぐらいのペースで歩かないとダメですね。

ハナ　うちの犬、まだ3歳なのに老犬のようにノロノロ歩くんですよね。だから、どうしてもペースが遅くて。

中野　ちなみに、ハナさんは健康診断の数値は大丈夫ですか？

ハナ　毎回、保健師さんに呼ばれて、体重を減らすように注意されますけど、血液検査の数値は大丈夫です。

中野　やっぱりそうですか。女性の場合は皮下脂肪がつくケースが多いんですよね。

ハナ　逆に男性の場合は内臓脂肪が多くて血液検査に引っかかることが多いんですが。体脂肪も体重の割には多くないです。私みたいにデブでも内臓脂肪が少ないとセーフなんですか。

中野　年齢によっても変わってきます。内臓脂肪が少なくて皮下脂肪が多い人というのは、過剰にとりすぎたカロリーが脂肪に変わるとき、女性ホルモンが「皮下脂肪に行け」という命令を出しているからなんです。ところが、年齢が上がり閉経の時期になると、女性ホルモンが少なくなるので、男性同様に内臓に脂肪がつくようになります。気をつけないと血液検査に引っかかるようになるのです。

セツ　確かに、統計的にも42歳を境にいろいろな病気が増えていくと言われていますよね。

中野　だから、その前に運動習慣をつけることと、食事を改善することが大切なんです。

ハナ　でも、食欲が止まらないんですよね。この間もママ友とパンケーキを24枚食べちゃったし（苦笑）。

中野　食生活はやっぱり不規則になりがちですか？

ハナ　勤務中はきちんと食事をする時間がないので、仕事終わりに中華料理屋さんで

中野　ラーメンとチャーハンと餃子をガーッと食べておなかを満たしてから、向かいのスーパーで晩ごはんのおかずの買い物をして、家に帰ってまた食べるんです。だから、ディナーが2回（笑）。

ハナ　昼間とれないから夜にまとめてとるしかないということですか。

中野　と言いながら、昼間も食べますけどね。時間を見つけて、ちょいちょいつまんでいたら、いつの間にかおにぎり4つ、5つになっていたり。そうしないと低血糖になってしまって動けないので。

ハナ　やはり炭水化物中心になるわけですね。

中野　サラダとかは食べないですね。私の周りの看護師さんはほとんどみんなコンビニ弁当です。つくる時間もないし、コンビニ弁当なら腐らないから。サンドイッチ、おにぎり、弁当、あとはゼリー状の栄養補助飲料とか。そういうのが増えてしまうかな。

メイ　私も甘いものが大好きで、体脂肪率もかなり高いです。糖尿病になっちゃうんじゃないかと時々不安になります。

中野　糖尿病は本当に気をつけてください。

メイ　どうしても食後にデザートを食べないと気がすまないんです。

ラン　私も甘いものが好きで、毎日チョコレートを食べていたんですよ。でも、マラソンを走る前に3か月間やめてみたんです。そうしたら、食べたいと思わなくなりました。

中野　糖分って依存性があるんですよね。私も甘いものは好きなんですが、2週間ぐらい断ち切ってみたら、食べたいという気持ちをコントロールできるようになりました。

ハナ　私には一生無理だと思う。

セツ　2週間で断てるんですか？

中野　個人差があって、2週間の人もいれば3か月かかる人もいます。禁煙や禁酒と同じですね。砂糖、カフェイン、アルコール。この3つは依存性の高い食品の代表で、とりすぎは体によくないのでコントロールが必要です。

セツ　人工甘味料はどうですか？

中野　そこは人それぞれの考え方なんですが、弊害もあります。たとえば、砂糖をとったら血糖値が上がります。するとインシュリンが分泌されて糖を吸収し、血糖値を下げていきますよね。では、人工甘味料をとったとき、血糖値は上がると思いますか？

セツ　上がると思っていました。

中野　実は人工甘味料は糖ではないので、血糖値は上がらないんです。ということは、インシュリンは？

ミヨシ　分泌されない。

中野　と思うでしょう。ところが分泌されるといわれています。かつては消化器が糖を感知することでも、インシュリンが分泌されると考えられていました。でも、今は舌が甘さを感じることでもインシュリンが出ることがわかってきたそうです。つまり、人工甘味料をとると無駄なインシュリンが出る可能性があるわけです。そうなると膵臓に負担をかけるからイヤだという人もいるし、ダイエットにいいと考える人もいるでしょう。そこは考え方次第です。

ラン　私は脚がすごくむくみやすくて、朝起きたときは細いのに、夜帰ってくると、「あれ？　別人⁉」というぐらいむくんでいるんです。これって運動で何とかできるんでしょうか？

中野　脚がむくみやすいというのは、明らかに筋力不足なんですよね。心臓から送り出された血液が全身を回るとき、下半身に行った血液は脚の筋肉がギュッギュッと動いて押し戻すんです。だから、脚の筋肉は「第二の心臓」ともいわれていて、その力が弱いと体液が脚にたまってむくみやすくなります。対策としては、脚の筋肉量を増やすことと、座っている時間が長い人は、仕事の合間にちょくちょく脚の筋肉を動かすとむくみにくくなると思います。

筋力低下は安眠も妨げる

セツ　仕事の後はとにかく疲れています。立ち仕事だし、かなり歩いたりもしますが、考えてみれば息が上がるほどではありません。どうしてこんなに疲れちゃうんでしょうね。

中野　人は体が疲れても、脳が疲れても「疲れた」という同じ言葉を使います。違う種類の疲れなのに。看護師さんの場合は、体もたくさん動かしているけど、救急や手術など、緊張する場面も多い仕事ですから脳もすごく疲れているんですね。ものすごくハードな仕事だと思います。

アキ　いろいろお話をうかがって、運動の大切さはわかったんですが、仕事で疲れたり、夜勤で寝不足だったり、そういうときもがんばって運動したほうがいいんですか？

中野　いいえ、疲れているときはやっぱり眠るのがいちばん大切です。特に脳の疲れは眠ることでしか改善されません。睡眠中、脳は情報を圧縮して整理すると言われています。そうやって脳がリセットされることで初めて「疲れ」という症状が消えます。ところが、睡眠時間が短かったり、夜勤で眠れなかったりすると、脳内の情報処理が残ったままになって、疲れという感覚が蓄積していってしまうんです。そういう状態で運動をしなさいといっても無理な話で、まずはちゃんと睡眠をとることが大切です。

セツ　ただ、寝るのも体力を使うというじゃないですか。体力がある人のほうが睡眠の質も高いんですか？

中野　いい質問ですね。寝ているときは活動しているわけではないので体力は使いません。ただ、姿勢を保持するのに筋肉は使っています。寝ていて疲れる人というのは、筋肉が減っていて姿勢の保持がうまくできず、過度に寝返りを打ったりして眠りが浅くなっている可能性もあります。寝ると腰が痛くなってしまう人は、あおむけの状態をキープする腰の筋力が低下しているかもしれません。

セツ　そういうことですか。確かに私も朝起きたら腰が痛いことがあります。

中野　腰周りの筋肉が落ちているんでしょうね。筋肉量が回復すれば、ぐっすり眠って、楽に起きられるようになると思います。

セツ　睡眠時間についてはどうなんですか。よく8時間が理想と言われますけど、夜勤があったら後でまとめどりすることになるし、日勤でも子どもがいたら、とてもそんなにはとれないんですけど。

中野　確かに8時間ぐらいがベストという説をよく耳にしますが、問題は睡眠の質です。8時間寝ていても、睡眠が深くなければ脳は回復しないので。

ハナ　ただ、赤ちゃんがいると、夜中に授乳で起きたりして、どうしても眠りが浅くなってしまうんですよね。

中野　子育て中はそれもつらいですよね。ほかにも睡眠の質を下げる要因が2つあって、寝る前にお酒を飲むことと、夕食に脂質の多い食事をとることなんです。お酒は言うまでもありませんが、脂肪は消化吸収にすごく時間がかかるので、

ハナ　寝ている間、ずっと内臓が働き続けることになってしまいます。夕食はできれば低脂肪の食事がいいですね。

中野　ええ!?　晩ごはん、低脂肪！　唐揚げはダメですか？

ハナ　そうですね。ものにもよりますが、脂肪分が多すぎます。消化吸収に4時間ぐらいかかります。

中野　「夜7時までに食事をするのがいい」というのはどうなんでしょうか？

セツ　時間ではそんなに変わりません。食事の内容がいちばん重要です。

中野　じゃあ、夜は野菜とか？

ハナ　いや、なるべくたんぱく質も意識してとってほしいです。

中野　それなら鶏のささみかな。

セツ　鶏肉に限らず、魚でもいいですし、低脂肪で高たんぱくのものであればなんでも大丈夫ですよ。

中野　私の場合、夕食は子どもたちの残りをつまむぐらいだから量的には少ないんですけど、そういうのもよくないですか？

　　　ええ、量はしっかりとってほしいですね。というのは、寝ている間に細胞の修復が行われるからです。筋肉や骨はもちろん、肌や髪の毛など、あらゆる細胞が寝ている間につくられます、そのための材料がないと、細胞が壊れた状態のままになってしまいます。質のいい睡眠とバランスのいい食事は、どちらもすごく大切です。

ハナ　看護師をしていると、どちらもおろそかになっちゃうんですよね。でも、もちろん健康が何よりも大切。生活を見直して、もっと運動もしたいと思います。

中野　今日お話を聞いて、だいぶ意識が変わった気がします。それならよかったです。仕事に子育てに、毎日大変だとは思いますが、ご自身の健康とお子さんのためにも、ぜひ今のうちから運動に取り組んでもらえればと思います。

Nakano's Voice

想像はしていましたが、看護師さんは体力的にも精神的にも大変な仕事ですね。実際にお話を聞いて、リアルに伝わってきました。そして、ただでさえ過酷な勤務に加え、子育ても。とても「なんとか時間をつくって運動しなさい」なんて言えないです。自分の時間が持てるようになってからでも遅くはありません。時間と心に余裕ができてからしっかり取り組めばいいのです。もし、現在の環境に運動を取り入れるなら、夜勤明け、時差のコントロールのタイミングでしょうか。もちろん、心底疲れているときは睡眠第一なのですが、「ここで寝ちゃうと、後でつらくなる」というタイミングがあると思います。そんなときに、軽く筋トレなどの運動をするといいかもしれません。私も夜中まで原稿を書いていて、眠くてどうしようもないときは少しだけでも走りに行きます。そうすると目が覚めるので、眠いのを我慢してがんばるより効率がいいのです。

CASE

5

—

客室乗務員編

リフレッシュは
マッサージにエステ。
でも最近、
それじゃまずい
気もして……

【参加者】

キミさん ♀ 40代

客室乗務員。子育てのブランクを経て、20年ぶりに復帰。今のところ運動はしていないが、腕を引き締めたいのでエクササイズに興味あり。

トモさん ♀ 40代

客室乗務員として働いた後、最近まで空港で地上勤務をしていた。ピラティスに通っていたが、ぎっくり腰になってしまい、お休み中。

マツさん ♀ 40代

トモさん同様、客室乗務員の後、地上勤務をしていた。パーソナルトレーニングに通っているが、マッサージとおしゃべりが中心。体重増加が悩み。

オガさん ♀ 40代

元・客室乗務員。現在はかつての同僚が開いたクリニックで受付業務をしている。ぎっくり腰になったのを機にジムに通い始める。

客室乗務員は元が丈夫で元気

中野　客室乗務員の方は長時間のフライトや時差もあって、肉体的にきつい仕事という印象があります。常に乗客から見られるので、外見にも気を遣うでしょうし、いろいろなプレッシャーがあるのではないかと思います。その中で、健康維持や体調管理のためにどんな工夫をしているのか？　運動を採り入れているのか？　そのあたりから聞かせてください。

キミ　私は運動をして疲れるのはあまり好きではないので、若いときはフライトを終えて東京に戻ってくると、よくサウナに行っていました。サウナと水風呂を交互に3回以上繰り返して汗をかくと、リフレッシュできるし、体重も維持できていましたからね。今はステイ先ではあかすりに行ったり、マッサージを受けることが多いです。それが楽しみで仕事をしているようなところもあります。

中野　確かに客室乗務員といえば、サウナやスパが好きというイメージがありますけど、実際にそうなんですね。

トモ　運動よりも、マッサージとかエステで体をキープするという感じですかね。現役で飛んでいるときは、運動で健康を維持しようと考えたことはなかったです。

中野　海外のホテルには必ずと言っていいほど、フィットネスクラブがありますよね。それを利用することはありますか？

オガ　ジムに行くとなると、それなりに準備が必要になりますよね。トレーニングウェアやシューズをわざわざ持っていくのもちょっとおっくうで……。

中野　スーツケースに入り切らない感じですか。

オガ　シューズってけっこうかさばりますよね、と言いながら、ゴルフシューズは持って行ってました（笑）。ゴルフは別物というか、太陽の下でみんなでおしゃべりしながら楽しくプレーしていると、リフレッシュできるんですよね。海外のホテルでジムに行ったことはありますけど、サウナに入ったら、タオル1枚の男性が入ってきたことがあって、ちょっと怖かったんですよ。だから、そんなに利用しなかったです。

キミ　この前一緒に飛んだ若い子は、真っ暗なところでキックボクシングをやっていると言っていました。そういうのがはやっていると聞いて驚きました。

中野　ステイ先では誰にも会いたくないから、部屋に籠もって外には出ない人もいると聞いたことがあるんですが。

マツ　私も時々そうしてました。雑誌をたくさん持ち込んで、ずっとベッドから降りずに1日過ごしたり。そのほうがリラックスできるから。

キミ　最近はスーツケースに水やインスタント食品をたくさん詰め込んで、部屋に籠もる子も増えているみたいです。でも、私たちはわりと外に出ていたかな。

中野　客室乗務員やパイロットは入社するときも厳しいテストや健康診断があるわけですよね。そうすると、もともと運動をしていたり、体力に自信のある人が多いですか？

マツ　多いと思います。大学のときに運動部の主将をやっていたという人もけっこういます。

キミ　体力テストも厳しかったよね。踏み台昇降とか反復横跳びとか延々とやらされました。

マツ　そうね。だから、どんくさい子はあまりいなかった。

中野　やっぱり基本的に丈夫な人たちなんですね。フライト中の緊急事態に備えて、特別なトレーニングもしているんですか？

キミ　1年に1回、必ず訓練があります。機内サービスも大事ですけど、救命・保安

中野　要員としての仕事が何より大切ですからね。

キミ　テストもあるんですか？

中野　あります。それに合格しないと乗務停止になります。筆記と実技があって、筆記はすごい量を覚えなければいけないので、テストの前は1か月ぐらい必死に勉強するんです。

キミ　実技はどんなことを？

中野　お客様の誘導から、緊急脱出用スライドを滑り下りるところまで、必要な動きをすべてやります。

キミ　そういう訓練の中で、体力的には何がいちばん大変ですか？

中野　緊急時の訓練よりも、普段の仕事のほうがつらいですね。荷物を棚に上げたり下ろしたりしていて、時々「あっ」とつりそうになったり。やっぱり腰かな。

マツ　機内食のトレーの出し入れとか、中腰の姿勢でやる作業も多いので、腰に負担がかかるんですよね。私は腰を痛めてコルセットをしていた時期がありました。

中野　肉体的な疲れは次のフライトまでにリカバリーできますか。それとも疲れを残したまま飛ぶ感じですか？

キミ　疲れに関しては、気持ちの切り替え方によるところも大きいと思うんですよね。

運動についても同じで、「フライト自体を運動」と気持ちを切り替えて体力をつけようという人もいます。私もいろんな作業を運動のように考えて、リズムをつけてテンポよく動くようにしています。

オガ　客室乗務員には前向きな人が多いよね。そうやって仕事を運動と考えたり、着いたあとゴルフや買い物を楽しんだり。

キミ　グループみんなでごはんを食べるのも楽しいし、そこから活力を得る感じ。辞めようと思えばいつでも辞められるのに、ここまで続けているということは、この仕事がやっぱり好きなんだと思う。

マツ　いや、元気だから続けられているのよ。辞めた子の中には仕事は好きだけど体がついていかなかったという子もいるし、特に時差に関してはどうにもできないことがあるから。

中野　確かに時差に合わせられるかどうかは、その人の体質によるところがありますよね。

キミ　私は時差ボケがないんです。寝たいときに寝られる。

トモ　寝れば解消できるよね。

中野　じゃあ、皆さんの場合、長時間のフライトや時差でぐったりしてしまうという

一同　ことはそんなにないですか？

キミ　そんなにはないよね。

マツ　この前、韓国で3時間ぐらいしか寝ないで、ずっと買い物と食事をしていたら、仕事より疲れましたけど（苦笑）。

オガ　体力もそうだけど、気力というか、好奇心が強い人は多いですね。

トモ　だから、今も元クルーとかのほうが遊びのペースが合うかも。

中野　そう、興味がたくさんあって、買い物もしたいし、おいしいものも食べに行きたいし、そのかわり運動をする時間はあまりないという感じですかね。

マツ　会社側としては、皆さんが体調を崩したら大変な損失でもあるわけじゃないですか。健康維持について会社として取り組んでいることはありますか？

トモ　私たちの時代は、最初は寮生活をしなければいけなかったんです。その寮の中に、スカッシュルームとかバレーボールができる部屋があって、コーチが来て指導してくれるという日もありましたね。やっている人はあんまりいなかったですけど、そういう福利厚生は整っていたほうだと思います。

定期的にメディカルチェックを受けるようにと会社から言われていましたけど、いちばん言われたのは自己管理を徹底しなさいということですね。体の具合が悪くて飛べなければ、それは自分の責任。だから、とにかく大切なのは自己管理だと。その意識はすごく植えつけられました。

中野　会社にもっとこういうことをしてほしいという希望はありますか？

キミ　体調管理に関しては特にないかな。今は会社の中にマッサージルームもあって、時間制ですけど無料で使えますし、カウンセリングも受けられますから。

トモ　健康維持というと、運動よりもやっぱりリラクゼーションのほうに行きますね。

「エビデンス」の嘘

中野　先ほどサウナの話が出ましたけど、私はサウナについては以前から不思議に思っているんです。暑い部屋でただじっとして汗をかくのって、疲れるだけじゃないですか。

トモ　代謝がよくなって、悪いものが出ている気はしますよね。だから、今ホットヨガも人気があるんだと思います。

中野　ホットヨガで何が出ると思いますか？

トモ　汗です。私は普段あまり汗をかかないので、汗をかける場所があるのはいいなと思って、通っていた時期があります。走ったりして汗をかくのはちょっとイヤなんですよ。スタジオでたくさん汗をかいて、そのあとすぐシャワーを浴びて帰ってくる。そうすると気持ちいいし、やった気になるんです。

マツ　痩せられるんじゃないかという期待感もあります。

中野　でも、痩せないんですよね。水分が出ただけで体脂肪は減っていないので。

トモ　私の場合、ホットヨガは純粋に汗をかくのが気持ちいいから行っていたので、それにお金を払ってもいいかなと思っていたんです。でも、筋肉がつくとは思わなかったので、途中からピラティスにしました。ピラティスをやっている友達に、「年をとったらお金より、友達より、筋肉だよ」と言われて（笑）。

中野　いいお友達ですね（笑）。正しい選択です。でも、その前は筋肉をつけようとは思わなかったんですね？

トモ　思わなかったですね。昔は、筋トレとかは特別な人がやるものという感じがしたから。

キミ　私は息子がアメフトを始めて、この数か月で体がかなり変わるのを実際に見てきたんですよ。ジムに通って、栄養指導も受けて、そのとおりにやっていると確実に変わっていくんですよね。驚きました。

中野　それを見て、自分もやってみたいと思いましたか？

キミ　そんなにたくさん筋肉はつけたくないですけど、少しつけてきれいに痩せたいというのはあります。

マツ　私は年をとってきて、腰痛やいろいろ問題が増えてきて、本当に筋肉をつけないとまずいなと感じてます。楽して筋肉をつけたいと思って、「貼っているだけで腹筋がつくグッズ」を何年も前に買ったんです。寝ている間に何とかならないかなと期待して。

中野　あれではつかないんですけどね（苦笑）。

キミ　サイボーグみたいな器具を着けてやるトレーニング、あれはどうですか？　息子が一度やったんですけど。

中野　ものすごく低筋力になっている人であれば、もしかしたら効果はあるかもしれません。でも、日常生活を普通に送れている人の場合は、筋肉はつかないでしょうね。もしああいうものが本当に効果的なら、保険適用になって医療やリハビリの現場でも積極的に使われるはずですが、そうなっていませんよね。皆さん、美や健康への意識が高いので、そういう機械が気になるのだと思いますが、疑ってみるということはないですか？

キミ　若い頃は雑誌で紹介されていたり、巷《ちまた》でいいといわれているものには、疑問も抱かずに飛びついていましたけど、最近ちょっと疑うようになりました。医学的・科学的に実証されていないものは怪しいなと。今はSNSもあるし、「テレビでいいといわれているけど、本当はこうですよ」とか、いろいろ情報が手に入るじゃないですか。痩せたければ走るより筋肉をつけたほうがいいとか、炭水化物をカットするのがはやっているけれど、やりすぎは危険だとか。

中野　たくさんある情報の中から、「これをやってみよう」と選ぶときのポイントは何ですか？

マツ　本当に効果がありそうで、自分にもできそうな都合のいいものですかね（笑）。特に「こういう実験結果が出てます」というデータが載っているものは信用できる気がします。

中野　ただ、ああいうデータにはいい加減なものも多いんです。「海外の何とか大学でこういう研究結果が出た」と書いてあっても、その大学に許可を取っていないこともあったり、誰がどのように研究したか、ちゃんと説明してあるものも少ない。本に引用されているデータも、誰かが元の論文に照らし合わせて裏をとっているかというと、行われていないということもあるようです。調べてみたら、本来2000人レベルで実験しなければエビデンスとはいえないにもかかわらず、4人でしか試していないというようなお粗末な研究もあります。うそではないかもしれないけれど、とても真実とはいえない。日本の場合、そういう本が平気で出版されてしまっているという問題があります。

マツ　そんなにひどいんですか⁉

中野　残念ながら、医学博士と名乗っている人たちの中にも、そういうことをしている人がいるそうです。テレビに出てとんでもないことを言っている人もいますが、それで医学博士の資格が剝奪されるわけではないので、何でもできてしまうんですよね。もちろん業界内では問題になっていて、学会へ出入りしにくくなっているドクターもいます。でも、その人たちは世間的には有名な人だったりするので、一般の人はどうしても信じてしまうのです。

マツ中野　そういう情報にだまされないためにはどうしたらいいんですか？

中野　そこが難しいんですよね。私たちは自分の所属している学会や、専門家向けのサイトで情報を精査しますが、一般の方はそこまでできないですから、信用できる著者を見つけるしかないかもしれません。私自身も、栄養系だったらこの先生、心臓系だったらこの先生というふうに決めて、その他の専門家については本も見ないし、講演も聞かないというふうにしています。

若い頃のようにはいかない！

中野　話は変わりますが、パイロットも含めて、航空業界の男性の運動意識はどうですか？

マツ　夫がパイロットなんですけど、試験や検査は私たちよりさらに厳しいですし、定期的な健康診断でもかなり詳しく体の状態をチェックされます。それこそ腰痛になっただけで飛べなくなってしまいますから、健康管理は意識してやっているみたいです。ただ、何をやるかは本当に人それぞれだと思います。マラソンにはまって、ステイ先で走っている人もいれば、うちの夫のように買い物が好きで歩くだけという人もいます。

キミ　パイロットを見ていると、食事も飲む量もすごいよね。

オガ　うちの主人も何でもよく食べますね。

マツ　でも、あまり太った人はいないね。

トモ　操縦室で座りっぱなしのせいか、休憩のときは必ず体操をしているイメージがある。

中野　私もパーソナルトレーニングでパイロットの方をこれまで何人か見てきたんですが、その人たちの場合は、健康診断の前に慌てて予約を入れる印象が……。

マツ　体調や健康のことを意識していても、何かと誘惑が多いじゃないですか。私たちにしても、若いときは買い物がいちばんの楽しみだったけれど、この年になると食事が何よりも楽しみ。そこは我慢したくないけれど、おいしいものを食べながら痩せるというのは、やっぱり難しいですよね。

中野　そうですね。海外に行けば当然おいしいものを食べたいでしょうし、お酒も飲みたくなるし、そうするとどうしてもカロリーオーバーになる。普段から節制するのは難しいから、健康診断前に慌ててパーソナルトレーニングに来るということなんでしょうね。ところでキミさんは20年ぶりに復帰したんですよね。若いときと今とで体力的に変わったと感じることはありますか？

キミ　あります。自分が思い描いているように体が動いてくれないんですよね。離陸したあと、サービスの準備をするときも、昔は自然に体が動いたのに、今はひとつひとつ確認しながらやっているようなところがあります。まだ復帰後間もないからかもしれませんけどね。あとは以前よりも腰にきますね。昔は平気だったのが、最近は朝起きるときにちょっと痛いことがあって。

中野　筋力低下によって腰椎が支えられなくなってきているのかもしれませんね。あとは年齢とともに筋肉は硬くなるので、何もしないと動かしづらくなってきます。今まではリラクゼーションが中心だったようですが、10年後、20年後のことを考えると、やっぱり運動をしてほしいなと思います。

マツ　私は運動したいと思っているんです。でも、いい年だしいろいろな運動はでき

中野　ないので、何とかして筋肉をつけて現状維持したいと思っています。筋肉と言っていただけると、トレーナーとしてはうれしいです。

マツ　実は私、2つもジムに入会しているんです。ひとつは家のすぐ近くなので、毎日「明日は行こう」と思うんですけど、行かないまま1年がたち、2年がたち、結局1年に1回お風呂に入りに行くぐらいです。もうひとつはトータルワークアウトのパーソナルトレーニングで、「週3回行くぞ！」と気合いを入れて入会したんですが、結局、週1回、友達と約束しているから行くという感じです。3種目ぐらいちょこちょこっとやって、半分以上はマッサージとおしゃべり。それでやった気になって帰るということの繰り返しで、体重はうなぎ上りです。

中野　できない理由は何だと思いますか？

マツ　やる気はあるんですよ。部屋の壁にも目標を書いた紙を貼ってあります。ただ、私は夜型人間なので、昼間は本当にだるくて、どよ～んとしてしまうんです。それでも、朝はがんばって子どものお弁当をつくって、家事をやるんです。それが一段落するとソファに横になって、何となくスマホでゲームを始めるんですよね。それで2時間ぐらい過ぎて、「私、今日からジムに行く予定だったのに」と言いながら、テレビでドラマを見始めるという。

トモ　スマホがいけないんじゃない？

マツ　それもあるけど、最近気づいたのは血糖値。朝食をとったあと、血糖値が一気に上がって睡魔が襲ってくるんです。そこでうっかり寝ちゃうと、起きたときはもう昼。「ジムは午後から行こうかな」と思いながら、昼ごはんを食べると、また睡魔が襲ってきて……気がつけば「ああ、今日も一日終わっちゃった。明日からがんばろう」となっている。その繰り返しなんですよね。最近は血糖値があまり上がらないように注意しているんですけど。

中野　それでも、週1回のパーソナルトレーニングのほうは何とか通っているわけですよね。

マツ　意思の弱い人間はパーソナルじゃないと無理ですね。キャンセルするのはお金がもったいないから行こうと思うし、トレーナーさんに「ここに意識を持ってきて」とか教えてもらいながらやると、効果がありそうな気がするんですよね。あとは友達と約束するのも大事。そうするとさぼれないし、2人で目標を達成できたら喜びも倍になるじゃないですか。実際は達成どころか、トレーニングを始めてから体重はプラス5kgなんですけど。

中野　種目やセット数、頻度が目標に見合わないのかもしれませんね。

マツ　最初は食事療法と合わせて痩せたんですよ。でも、今は行く回数を減らして、トレーナーさんがいろいろ勧めてくれても、「私ね、年寄りでちょっと疲れているの」「今日はひざが痛くて」とか、わがままばかり言っているから（苦笑）。

中野　体重を量ると、トレーナーさんも「あ……」と声を詰まらせるんですけど、「でも、私はいい顧客じゃない？　痩せたら、もう来なくなっちゃうんだから」と開き直ってます。

マツ　う〜ん、そのトレーナーと話がしてみたい（笑）。

トモ　でも、今回は本当に痩せる気でいるんです。アイドルグループのコンサートが好きなので、それに行って楽しめるぐらいの体力は維持したいし。今は風邪が長引いているから休んでいますけど、治ったら10kgぐらい痩せるつもりです。けっこうアップダウンするもんね。すごく痩せるときもあるし。

マツ　私の場合、増減が激しいんです。

中野　体重の増減が激しいというのは、筋肉量が少ないからですね。筋肉量があると体重は安定します。

オガ　私も昔は運動にあまり興味がなかったんですけど、今は筋肉が大事だなと思ってジムに通っているんです。

中野　何かきっかけがあったんですか？

オガ　家族でスキーに行ったら、ぎっくり腰になってしまったんですよ。痛くて立ち上がれないぐらいだったんですけど、帰ってきてすぐ息子の小学校の入学式があったので、「とにかく式に出なきゃ」という一心で、マッサージをしてもらったり、いろいろやりました。コルセットをしながら何とか出席はできたんですけど、「これはやっぱり普段から運動しないとダメなんだな」と痛感しました。それからしばらくしてジムに通い始めて、今は2年が過ぎたところですね。

マツ　私と違ってちゃんと通ってるんだよね。

オガ　家の近くの24時間開いているところにしたのがよかったのかも。営業時間が決まっていて、何曜日の何時に行くとか決まっていたらダメだったと思うんです。ウェアやシャワーの準備をしたりしていると、おっくうで行かなくなるから、そのままの格好でサッと行けるところにしたんです。それで小1時間ぐらいやって、そのまま帰ってくる。そうしたら習慣化できて、最近は週4回ぐらい行くこともあります。

トモ　何時ぐらいに行ってるの？

オガ　朝、子どもたちを送り出して、家のことを済ませたらすぐに行っちゃう。だいたい8時半ごろかな。帰ってきたらシャワーを浴びて、それから出かける準備。フラダンスも習っているので、ジムへ行って、フラダンスへ行って、みんなでランチして、みたいな日もあります。

トモ　そういうふうにできたら1日が長そう。

中野　腰のほうはトレーニングを始めてからよくなりましたか。

オガ　ええ、よくなった気がします。その前までは起きたら腰が痛いなとか、肩が痛いなということが時々あったんですけどね。今は朝起きてすぐにストレッチもしてるんです。ちょっと体を動かしてからお弁当づくりを始めるほうが、調子がいいですね。

キミ　すごいね。無理なく自然にできているのがうらやましい。

オガ　ぎっくり腰で痛い思いをして自分もつらかったし、動けないと家族にも迷惑がかかるでしょう。運動するといろんなことがうまくいくし、自分も楽だとわかったから、やっている感じかな。つらかったらやらないと思うんだけど、ジムに行くのも楽しくなってきたので。

中野　「我慢してでもやらなきゃ」という感じじゃないのがいいですね。

オガ　仕事もそうじゃないですか。家を出るまでは「ああ、今日も仕事か」と思うけれど、現場でみんなと会ったら楽しくなる。そんな感じです。パーソナルでもないし、そんなに本格的なプログラムをやっているわけではないけれど、やれば達成感はあるし、フラダンスにもいい影響がある気がしますね。体幹がぶれなくなったり、最後までしっかり踊り続けられるようになったり。

中野　トモさんはお友達に勧められてピラティスを始めたと言っていましたけど、そちらはどんな感じですか。

トモ　たまたま近所の友達がピラティスの先生をやっていて、1回1000円で教えてくれるというので、試しにやってみようと思ったんです。

中野　やってみてどうでした？

トモ　最初は体の使い方がまったくわからないし、先生が何を言っているのかもさっぱり理解できなくて、「何なんだろう？」と思っていました。ただ、入ったクラスは私と友達の2人だけ。私がやめると友達がひとりぼっちになってしまうからという理由で通っていたんですけど、だんだん体の使い方がわかってきたんです。先生の話も、「なるほど」と思うことが増えていきました。驚いたのは続けるうちに背が少し伸びたことですね。腰痛や肩こりもよくなりました。だから続けていこうと思っていたんですけど、最近ちょっと滞り気味で。

中野　何かあったんですか？

トモ　実は私もぎっくり腰になったんです。犬を抱っこした瞬間にグキッとなって。ぎっくり腰って、本当にびっくりするほど動けないんですね。ただ、整骨院に行ったら、すごくいい先生で、腰だけじゃなく全身の動きを見てくれて、「左側に体重をのせる癖があるから、それを直しましょう」とか、自分ではまったく気がつかなかった問題をいろいろ指摘してくれたんです。その先生によると、私は側弯症《そくわんしょう》気味みたいで、それを改善する運動も教えてもらいました。それで、もっと自分の体を整えなきゃという意識が出てきて、立っているときに「あ、左にのっている」と気づいて直したり、犬の散歩のときも体の使い方をあれこれ考えるようになりました。

中野　腰はもう大丈夫なんですか。

トモ　治ったんですけど、しばらくコルセットをして、ピラティスを休んでいたせいで、腹筋がなくなっちゃいました。久しぶりにピラティスに行ったら、すごくきつかったです。おなかに力が入らない分、腕を使っちゃうみたいで、今度は腕が筋肉痛になるし、「前はできていたことが、ぜんぜんできなくなっちゃった」と思うと、気持ちが萎えてきちゃうんですよね。優しい先生で、「ゆっくりでいいから、また少しずつやっていこう」と言ってくれるんですけどね。だから、今は無理せず、自分に足りない部分を確認しながらやっていくのがいいかなと思っています。三歩進んで二歩下がるじゃないですけど、微々たる努力でも、継続していくことに意味があると思うので。

筋トレ始めたら、やっぱりプロテイン？

マツ　トレーニングを継続できるかどうかって、性格によるんでしょうか？

中野　性格というよりも、育った環境の影響は大きいですね。小さいときからスポーツをしていたり、両親が体を動かすことに積極的な家庭の子どもは、大人になっても運動をするようになりやすいといわれています。必ずしも性格がポジティブだから運動が続く、ネガティブだから続かないということはないと思います。

トモ　夫は学生時代に本気の運動をしていた人なんですが、その反動か、今はほとんどやっていません。そういう環境で育ってきたら、社会人になっても続けそうなものですけど。

中野　いや、そこは難しいところで、私も子どもの頃から水泳をやっていましたが、選手時代に追い込まれすぎたので、今は一切泳ぎたくないです。水に入るのもイヤですね。そういうふうになってしまうこともあります。

トモ　夫の場合はランニングはするのですが、筋トレとかは絶対にやらないです。

中野　学生時代にやっていた競技はイヤだけど、違うジャンルの運動ならやりたいという人はけっこういますよ。

オガ　アメリカ人のエグゼクティブはみんな運動をしていますよね。話をすると、必ずジムや筋肉の話題になって、本当にそういう話が好きなんだなあと思います。それで私も興味を持ち始めたというのもあるんですけど。

中野　体型をコントロールできるかどうかが、そのまま仕事の能力に直結すると思われているからですよね。トレーニングを継続できている人を見ると、年をとっても体型はコントロールできるし、若返ることもできるんだということに喜びを見出しているケースが多いですね。

トモ　若返ったりするんですか？

キミ　若返ると思う。だから、私もやりたいの。

オガ　成長ホルモンが出るとか？

中野　たとえば、「俺も50歳なのに腹筋が割れてきた」となると、テンションが上がるんでしょうね。一般的には、年をとったら体型は崩れ、体力は衰える一方だと思われていますが、正しいトレーニングをすれば、何歳からでも向上できるんです。それで筋トレにハマる人もいます。

トモ　今は女性でもかなりハードなトレーニングをして、プロテインを飲んでいる人がいますよね。やっぱり筋肉をつけるためにはプロテインが必要なんですか？

中野　いや、むしろ飲む必要がない人が飲んでいるのが問題ですね。たんぱく質は体重1kgに対して1日1g程度とっていれば十分です。それ以上とると過剰にとった分は体脂肪になります。また、とりすぎると肝臓や腎臓に負担がかかって疲れやすくなるので、注意が必要です。

オガ　怖いですね。

トモ　子どもを見ていて気になるんですが、ジュニアアスリートがプロテインをとるのはどう思いますか？

中野　基本的には反対です。サプリメントのプロテインというのは、たんぱく質がすでに分解された状態になっていて、確かに吸収は早いんですが、子どものときから使うと、消化能力に影響が出る可能性があります。プロテインでとるよりも、肉や魚を自分の歯でしっかり噛《か》んで、胃で消化して、腸で吸収するという、体に本来備わっている仕組みをしっかり使ってほしいです。

トモ　何歳ぐらいまではプロテインをとらないほうがいいという目安はありますか？

中野　成長期の間は基本的に食事をメインにしてください。ただ、私が指導している選手の中にも、食が細くてどうしても量を食べられない子がいます。練習後にご飯1杯すら食べられなくて、寮の食事の時間が終わってもひとりで残っているような選手には、私もサプリメントを使っています。でも、このようなケースでなければ、栄養は食事からとることが大切です。

トモ　20歳を過ぎればサプリメントを使っても大丈夫ですかね？

中野　うーん、消化器の能力が落ちてくるのは40歳ぐらいなので、それまではできれば食事からとりたいところです。若いときからサプリメントに頼っていると、消化能力が衰えて、50歳、60歳になったときに、栄養をうまく吸収できなくなってしまうケースもありますから。

マツ　そういう人って、病的に痩せていますよね。

中野　そうなんです。筋肉だけでなく、骨が弱くなる可能性もあるんですよ。

一同　こわ〜い。

オガ　おからパウダーとかはどうですか？　あれぐらいだったら……。

中野　基本的には固形のものからとってほしいですね。咀嚼《そしゃく》する筋肉も大切なので。

キミ　今日、いろいろお話を聞いて、私もパーソナルトレーニングに行こうという気持ちになってきたんですけど、週にどのぐらい通えば体は変わってきますか？

中野　よく聞かれる質問なんですが。1週間に1回は通ってほしいですね。現状維持でよければ2週間に1回でも大丈夫ですが、最初の半年間は週2回来ていただくと効果的です。それで体が変わったら、あとは週1回でも維持していけるので。

キミ　1回、何時間ぐらいですか？

中野　一般の方は1時間のケースが多いです。

マツ　やっぱりしっかり体を変えるには週2回ぐらい必要なんですね。

中野　そのほうがトレーナーとしてはやりやすいです、研究的には良質なトレーニングを週1回やっていれば維持できると言われているんですが、そういうレベルのトレーニングができるようになるまでに時間がかかるので。

マツ　私も「今度こそはやるよ！」という気持ちになりました。

オガ　これだけ証人がいる中で宣言したらやらざるをえないよね。

キミ　半年後にまた集まって、お互いどれだけ変わったか、報告会をしようか。

マツ　そうしよう。継続は力なり、ですね。

中野　その意気です。仲間がいると続けやすくなりますし、がんばりましょう。

Nakano's Voice

客室乗務員やパイロットはそもそも健康でなければ務まらない仕事ではありますが、特に定期的なトレーニングをすることなく、ハードな業務をこなせる健康と体力をキープしているのがすごいと思いました。仕事もオフも楽しみたいというポジティブな志向も健康維持に影響しているかもしれません。ただ、運動をしなければ筋力は確実に減っていくのは事実です。健康診断や人間ドックでは、血液検査や画像診断などで異常がなければ「健康」と判断されてしまいますが、ジムなどで筋肉量を測定し、足りないところがあれば筋トレを取り入れてほしいですね。

将来、客室乗務員を引退して、プライベートの海外旅行を思う存分楽しむためにも、ぜひ筋力を維持増進してください。

CASE 6
農家編

この先もずっと
仕事ができる体で
いるために。

【参加者】

p.166

トモさん ♂ 40代

クロさん ♀ 50代

北海道でトマト農家を営む夫婦。岐阜県出身。学生時代にスキー部で知り合って結婚。トモさんは、以前は車の塗装業をしていたが、8年前に夫婦で北海道に移住して就農。トモさんは腰痛になったのをきっかけにストレッチを始めた。自然食志向のクロさんは食事を工夫して夫の健康管理をサポートしている。

p.178

トミさん ♂ 50代

トモさんと同じトマト農家。東京から移住して就農。2年前に心筋梗塞になったのをきっかけに運動を始めた。常にアップルウォッチをつけ心拍数をチェックし、再発予防に努めている。

ソウさん ♂ 30代

同じくトマト農家。静岡県出身。もともと農家志望で大学は農学部。銀行に就職したが、東日本大震災をきっかけに就農を決意し、北海道に移住した。子どもの頃から空手をやるなど体を動かすのは好きなほう。

トモさん ＆ クロさんの場合

きっかけは田舎暮らしへの憧れ

中野　さまざまな職業の方の運動意識を知るために各地で取材してきたんですが、私がどうしても話を聞きたかったのが農家さんなんです。自然と向き合う仕事にはいろんな苦労があるでしょうし、体も酷使しているかと思います。日々の農作業のことや、健康維持の工夫などについてお聞きしたいと思います。まず、お二人が農業を始めようと思ったきっかけは何ですか？

トモ　最初は農業というよりも、田舎暮らしをしようということだったんです。ここに来る前は岐阜市内で車の塗装をやっていて、ずっと町中で暮らしていました。でも、かみさんが以前から田舎暮らしに興味を持っていて、田舎に住むなら仕事はやっぱり農業かなという話になっていったんです。

クロ　もともと私は健康志向の高い家庭で育って、小さい頃からずっと自然食品を食べてきたんですよ。だから、結婚してからも山奥においしい水をくみに行ったり、いい食材を探して回ることが多かったです。そういうことをしているうちに、「いっそのこと田舎に住みたいね」という話になっていって。塗装の現場の空気は体に悪いかなという思いもありました。

中野　塗装業は健康被害が多いんですか？

トモ　特にそういう話は聞いたことがないし、体調が悪かったわけでもありません。あくまでも僕個人の感覚ですけど、空気が悪いというのはなんとなく感じてましたね。専用のマスクは着けているんですけど、密閉空間でシンナーを使うわけですからね。多少は影響があった気がします。

中野　そういう環境で仕事をしていると、ストレスもありそうですね。

トモ　自分では意識していなかったけど、あったんでしょうね。北海道に来て農業を始めてから、義母に会ったら「すごく顔色がよくなった」と言われました。

中野　確かにここは空気がいいですよね。以前、マラソン大会の仕事でも来たことがあるんですが、広々として、丘からの眺めもきれいだし、すっかり気に入ってしまいました。

トモ　そうなんですよ。農業を始めるにあたって、いくつか他の地方も見て回ったんですけど、この景色は決め手になりました。人も優しいし、温泉もあるし、移住して本当によかったなと思っています。

腰痛、高血圧で変わった健康意識

中野　最近の農作業は機械化されている部分も多いかと思いますが、それでも肉体的にきつい面はありますか。

トモ　けっこうきついですよ。機械ではできない作業がけっこうありますからね。春先の作業は特に大変で、まず雪かきから始めて、そのあとビニールハウスを何棟も組み立てていくんですけど、朝から夕方まで延々と作業していると、腕はパンパンになるし、腰にもきます。農業を始めてもう7年になりますけど、毎年、春先は筋肉痛になりますね。

中野　やはり筋力は必要なんですね。仕事のためにトレーニングをしていますか？

トモ　12〜1月は雪で農作業が休みに入るので、その間に筋力トレーニングみたいなことはしています。そんなにハードなものではないですけどね。それでも、農作業を再開するとやっぱり筋肉痛になるんですよ。使う筋肉が違うんでしょうね。最初はしんどいんですけど、作業を続けるうちに体が慣れてきて、だんだん気にならなくなっていくというのが毎年のパターンです。

中野　同じ動きを続けることで体が順応していくんでしょうね。年齢とともに、体力の衰えを感じるということはないですか？

トモ　今はまだそれほどでもないです。ただ、2年ぐらい前にぎっくり腰をやってしまったんですよ。座ってやる作業から急に立ち上がったときにグキッと来て、痛みが2〜3か月続きました。収穫までには治さないとまずいから、接骨院へ行ったり、整形外科へ行ったりして何とか治ったんですけどね。

クロ　あのときはつらそうだったね。

トモ　これが毎年続いたらやばいと思って、それ以来、朝は必ず30分以上ストレッチをして、体をほぐしてから作業に入るようになりました。

中野　変化はありましたか。

トモ　あると思います。腰の疲れはありますけど、動けなくなるような痛みは出なくなりました。

中野　よかったですね。私もそうですが、個人事業主の場合、体を壊したら仕事も生活も成り立たないじゃないですか。年齢を重ねると、その不安も出てきますよね。

トモ　それはありますね。我々も二人だけでやっているから、どっちかが倒れたら大変です。腰を痛めたとき、それは痛感しました。

中野　ケガはつらいですけど、健康を見直すいい機会にもなったんじゃないですか。

トモ　ええ。だいぶ気を遣うようになりました。今まで急いでやっていた作業も、ちょっとゆっくりやるようにして、体への負担を少なくするように心がけています。時間も大事ですけど、体のほうがもっと大事ですからね。

中野　クロさんは体調はどうですか？

クロ　私はあまり重いものを持つような作業はやらないので、痛みなどはないです。ただ、何となく疲れやすくなったのは感じています。農家って、家に帰ってもやることがたくさんあって、なかなか休めないんですよ。

中野　小さいときから自然食で育ったとおっしゃっていましたけど、食事にはかなり気をつけていますか。

クロ　岐阜にいる頃から、天然の食材以外はなるべくとらないようにしています。でも、農業を始めてからは、つくる時間も食べる時間も短いので、そこがちょっと悩ましいですね。それから、最近は食べる量に気をつけています。夫は昼間ずっと体を動かしているから、夜にどうしても食べすぎる傾向があるんですよ。好きなだけ食べさせていたら、3年前に高血圧と診断されたんです。それ以来、夜は量を減らして質素にしています。

中野　昼間、体を動かしているから、食べたくなりますよね。

トモ　楽な作業の日も、ハードに働いた日と同じようにたくさん食べていたのがよくなかったんだと思います。今は毎日血圧を測って体の状態をチェックしているのと、かみさんが血圧を下げる料理をつくってくれるので助かってます。

中野　いい奥様ですね。クロさんは、そういう健康情報はどこで仕入れるんですか。

クロ　ネットで見たりもしますけど、親から教えられたことが多い気がします。ただ、いくら体にいい食材をそろえても、食べすぎたらダメなんですよね。血圧を毎日見ていると、前日の食事の影響が結果にすぐに現れるので、観察しながら試行錯誤している感じです。

中野　健康意識がすごく高いですね。

クロ　私だけかな（笑）。

トモ　僕は言われるままにやっています（笑）。ただ、僕にも健康意識はあるので、だから、農業をやっているというのはあります。

中野　体にいい食材を自分でつくりたいと。

トモ　ええ。

中野　ここ数年、問題が起きたのは腰と血圧ぐらいで、あとは健康ですか？

クロ　夫は中性脂肪と悪玉コレステロールの値も基準を超えていたんですけど、今はよくなりました。悪玉コレステロールについてはもうちょっと落としたいと思っているところなんですけど。

中野　クロさんはホームドクターのようですね。ご自身はちょっと疲れやすいということ以外は何も問題ないですか？

クロ　実は、私は検診を受けていなくて……。

トモ　人には「行け」という言うくせに、自分は行かないんですよ。

中野　診断結果を見るのが怖いとか？

クロ　それはないんですけど、忙しくてつい……。でも、それは言い訳ですね。

トモ　僕としては「行ってよ」と思うんですけど。
クロ　じゃあ、次は行こうかな。
中野　婦人科系の疾患なども怖いですからね。ぜひ受けることをおすすめします。

腰痛にはお尻のストレッチ

トモ　ストレッチについて、もうお少し具体的にうかがいたいんですけど、いいですか？
中野　もちろんです。何でも聞いてください。
トモ　今は腰のために前屈を中心にやっていて、自分で硬いと思う部分を伸ばしているんですが、それが正しいのかどうかわからないんですよね。腰のためにはこういうストレッチをしたほうがいいとか、筋トレも含めてこういう運動をするといいというのがあったら教えてください。

中野　なるほど、わかりました。腰痛がある人は、どうしても腰をダイレクトに伸ばそうとするんですが、実は腰の筋肉に柔軟性がないというケースは少ないです。それよりも、お尻の筋肉が硬くなることによって、骨盤の動きが悪くなって、その上にある腰椎に負担がかかる、というケースが多いです。
立ち上がったり、歩いたりするとき、骨盤は常に動いているんですが、それにつられてその上にある腰椎も一緒に動きます。その動きによって血液が循環することで、新陳代謝が起きて関節周りはいい状態に保たれます。ところが、お尻の筋肉が硬くなると、骨盤と腰椎の動きが制限されてしまい、関節の新陳代謝が起きなくなるんです。そうなると、軟骨が潰れてしまったり、靭帯《じんたい》が硬くなるという症状が起きてきます。つまり、腰痛の場合は、腰そのものを動かすよりも、お尻の周りや、太ももの裏側の筋肉の柔軟性を上げるストレッチをしたほうが効果的なんです。

トモ　お尻周りのストレッチですか？　何だかピンとこないんですが。

中野　いくつか種類があります（p．208参照）。お尻をほぐすと、腰も楽になることが多いので、ぜひ取り入れてください。

トモ　あぐらをかいた状態からの前屈はやっているんですが。

中野　それもいいと思います。男性の場合、大殿筋が硬いケースがすごく多くて、左右の柔軟性がアンバランスな人もけっこういます。こうなると、骨盤がずれてしまって、ますます腰痛が起きやすくなるんです。トモさんも立ち姿を見ると、ちょっとお尻の筋肉が硬そうな感じですね。

クロ　骨盤もずれてるんじゃない？

トモ　う〜ん、偏ってるかな。自分ではあまりわからないけど、体が硬いのは間違いないです。

中野　まずお尻の柔軟性を上げること。その次にやってほしいのが骨盤の運動です。家にバランスボールはありますか？

クロ　あります。使っていなかったですけど。

中野　バランスボールに座って骨盤を前後左右に動かすと、腰椎も動きます。そうすると椎間板や軟骨に栄養が補給されて新陳代謝が起きるようになります。軟骨というのは、スポンジのようなもので、動くことで関節液をギュッと吸い上げて、軟骨が潰れないように膨らむのです。農作業のとき、ずっと同じポーズをするではないですか。そういうとき椎間板や軟骨はずっと押し潰されたままになっています。だから、終わったあとに骨盤をよく動かすことが大事なんです。動かさないのが腰にはいちばんよくありません。

トモ　ストレッチでお尻を柔らかくして、バランスボールで骨盤を動かすと。

中野　そうです。仕事の後、入浴を済ませて体が温まっているときがベストです。最初は違和感があるかもしれませんが、慣れればうまく動かせるようになると思います。続けていくうちに、腰への負担はかなり減ると思います。

トモ　なるほど。今まで朝にストレッチをやることが多かったんですけど、一日の終わりにしたほうがいいんですね。

中野　はい、朝に動かすのも続けてほしいですが、作業後はもっと重要です。

トモ　以前は夕食を食べたらすぐ寝ていたのですが、今はかみさんに「食後1時間は必ず起きているように」と言われているので、その間にちょっとストレッチをやっていたんですよ。そこでバランスボールもやってみようと思います。

中野　夜、お酒は飲むほうですか？

トモ　二人とも飲みますけど、今は控えてますね。

クロ　たくさん飲むと、朝起きられなくなってしまうので量を決めています。

トモ　やっぱりいろいろな面で昔のようにはいかないというのは感じますね。腰にしても血圧にしても、体からのサインだったのだと思います。

中野　自分の体の声を聞いて、それに応じてライフスタイルを変えていくのって、難しいことだと思うんです。それができているお二人はすばらしいと思います。

トミさん ＆ ソウさんの場合

農作業はとっても苛酷!!

中野　(トミさんの農場を見ながら) これだけの広さを耕したり、収穫したりするのはすごく大変でしょうね。お一人でやっているんですか?

トミ　家内と二人でやっています。年々土地を増やしているところで、東京ドームでいうと5個分ぐらいになるかな。それでもこのへんじゃ弱小ですけどね。うちの5倍、10倍の農家もありますよ。

中野　そうなんですか!?　北海道の農家ってやっぱり大規模なんですね。ソウさんもご夫婦でやっているんですか？

ソウ　うちはまだ子どもが小さいので、嫁さんは子どもの世話にかかりきりなんですよ。だから、農作業は一人でやってます。

中野　それは大変ですね。お二人ともトモさん・クロさん夫妻と同じように、移住して農業を始められたんですね？

トミ　そうです。私はもともと東京でサラリーマンをしていました。ソウくんは銀行だったっけ。

ソウ　そうです。銀行員時代はずっと座りっぱなしだったので、今とは真逆の生活でした。ずいぶん暴飲暴食もしたし、運動もしていなかったので、健康診断はいつもBかC判定。血圧は上は150ぐらいまでいっていたかな。20代のときはけっこう体にガタがきていました。あのままいったらやばかったと思います。

中野　こちらに来て生活はずいぶん変わりましたか？

ソウ　農作業で体を動かしまくっていますからね。健康診断ではひとつも引っかからなくなりました。

トミ　ソウくんはまだ若いしね。私は2年前に心筋梗塞になってしまったんですよ。バイパス手術を受けて治りましたが、しばらく農作業ができない時期がありました。

中野　それは大変でしたね。病気の前後で意識は変わりましたか。

トミ　変わりました。まずタバコをやめたのと、医者から体重を落とすように言われたので、毎日10km走るようになりました。それで一度体重は落ちたんですけど、今はまた戻り気味です。あんまり体重を落とすと、重いものを動かすときに力が出ないという問題もあるんですよね。

中野　トモさんもおっしゃっていましたけど、やっぱり基本は力仕事なんですね。

トミ　そうですね。特に春先の除雪は大変です。冬の休みで筋肉が落ちてしまったところに、いきなりガツンと来るから余計にきついんです。

中野　こっちは寒さも厳しいでしょうしね。

トミ　単純に寒いだけじゃなくて、寒暖差があるんですよ。ビニールハウスの中は25℃で、外はマイナス15℃なんていう日もあります。

中野　そんなに違うんですか!?

ソウ　ハウスの中はむしろ暑いぐらいですよね。２月でも作業をしていると汗をかくぐらいで。

トミ　でも、着替えている暇がないから、そのまま出たり入ったりするんです。体温調節の機能が狂ってしまう人もいます。

ソウ　夏は夏でしんどいんですよね。ハウスの中は40℃を超えることもあるので、汗だくになって、大きいペットボトルを１日２～３本は空けます。

中野　本当に苛酷な仕事場ですね……。

ずっと仕事を続けるために

中野　ということは、普段の作業で疲れて、運動どころじゃないという感じですか。

トミ　私は病気になったから走ったけど、周りの同業者で走っている人は見たことがないですね。

ソウ　農作業が運動みたいなものですからね。僕は雪かきも運動だと思って、あまりトラクターを使わないで、シャベルみたいな道具を使ってやるようにしています。あとは、子どもの体重が18kgぐらいなので、肩にのせたりして遊ぶのもいい運動になっている気はします（笑）。冬はスキーもやりますね。

中野　北海道に来てから始めたんですか？

ソウ　ええ。それまではスキーなんてやったことがなかったから、まったく滑れませんでした。でも、こっちの学校はスキー遠足というのがあって、親が同伴で行くらしいんですよ。子どもが小学校に上がったとき、親が滑れなかったら恥ずかしいだろうから、嫁さんに教わって練習しています。

中野　奥様はここちらの方なんですね。

ソウ　はい、地元の人間なので得意なんです。ただ、骨折でもしたら大変なのでほどほどにしています。そういえば、毎朝、作業の前にラジオ体操もしてるんですけど、ああいうのは運動のうちに入らないですか？

中野　いや、準備運動としてはいいと思いますよ。ただ、ソウさんの場合はまだ若いので、ラジオ体操だとちょっと負荷が足りないかもしれませんね。

トミ　どうしてラジオ体操をやろうと思ったの？

ソウ　起きてから何もしないで作業に入ると、体の動きが鈍い感じがするんですよね。シャキッとするためにちょっと動かそうと思って、とりあえず思いついたのがラジオ体操だったんです。YouTubeを見ながら、第一、第二までやって、それからビニールハウスに入るようにしています。

中野　農作業が終わった後は何かやっていますか。

ソウ　風呂に長めに入るくらいですかね。

中野　今は大丈夫だと思いますけど、将来、ケガをしないためにも、作業後にストレッチはしたほうがいいでしょうね。体を壊してしまったら仕事ができなくなってしまいますし。そうなったら大変です。

ソウ　それは本当に感じますね。実は、こっちに来て農業研修を受けているとき、親方がトラクターの下敷きになって亡くなったんですよ。雨の日に坂で作業をしていて、ちょっと無理をして、強引に進もうとしたんです。そうしたらトラクターごと田んぼに滑り落ちてしまって……。そのとき、無理をしてはいけない、体が資本だということは痛いほど感じました。

中野　トラクターの事故というのは、けっこうあるものなんですか？

ソウ　農作業事故というのはどうしてもゼロにはなりませんね。

トミ　機械で指を切り落としてしまったという人も周りにいますよ。つい作業を詰め込みすぎて、休憩をしないときに事故が起きるんですね。私もヒヤッとしたことが何回もあります。

中野　他に健康を保つためにやっていることはありますか？

ソウ　意識して変えたわけではないですけど、僕の場合は食べる物がずいぶん変わりました。今でこそトマトをつくっていますけど、僕はもともと野菜が苦手でトマトが食えない人間だったんですよ（苦笑）。でも、こっちに来たら、周りは野菜だらけですからね。自然に食べるようになりました。

トミ　私の場合は食べる量が問題で。タバコをやめたせいもあると思うんだけど、食べるのを我慢できない。食べないとストレスになってくる。

ソウ　僕もかなり食べますよ。1食1合半ぐらい米を食べる。

トミ　それは多いね。

ソウ　それでも体重はほぼ一定ですね。サラリーマンのときは80kgまで増えたけど、こっちに来てから74kgまで落ちて、その後は変わりません。食べた分、動いているということなんだと思います。

トミ　うん、農作業はカロリーをかなり消費すると思う。

ソウ　あと農業を始めて、規則正しい生活をするようになったのはよかったです。

中野　起床は何時ぐらいですか？

ソウ　季節にもよりますけど、朝は5〜6時に起きて、夜は10時ぐらいに寝ます。銀行員時代は毎日3時間ぐらいしか眠っていませんでしたけど、今は毎日7〜8時間しっかり眠るようになりました。

中野　収穫のことや将来のことが不安になって眠れないということはないですか？

ソウ　それはないですね。横になればあっという間に寝てしまいます。農業って自然相手の仕事だから、人間にはどうすることもできないこともたくさんあります。悩んでもしかたないし、やれることを一生懸命やって、あとは天気任せです。

中野　ポジティブ思考でいいですね。

トミ　慣れてくれば腹をくくれるけど、最初はやっぱり不安ですよ。特に初年度は燃料代やら何やら出費がかさんで、銀行口座はずっとマイナス。収穫して売り上げが入ってくるまでは生きた心地がしなかったです。サラリーマンの感覚でやっていたら、不安で胃潰瘍になるでしょうね（苦笑）。

ソウ　不安といえば、よく「40歳前ぐらいから体にガタがくる」と、皆さん言うじゃないですか。

トミ　うん、くるよ。

ソウ　それが怖いというのはちょっとありますね。

中野　ソウさんの場合、体は動かしているし、筋肉もちゃんとあると思います。ただ、下半身の筋肉が硬くなってくると腰痛を起こしやすくなりますし、40代になると血圧や糖尿病のリスクも高くなります。やはりストレッチをして柔軟性を上げたほうがいいかもしれないですね。

ソウ　そう言われて思い出しましたけど、一昨年だったか、子どもを持ち上げたときに、焼けるような腰の痛みを感じたんです。痛いというか熱いというか。病院でＭＲＩを撮って検査したんですけど、「年相応です」と言われただけで終わっちゃったんですよね。でも、その後しばらく痛みが続きました。そういうときはどうしたらいいですか？

中野　まず知っておいてほしいのは、腰はねじる動きにすごく弱いということです。特に負担がかかるのが、前傾した状態でねじる動きです。

ソウ　あっ、まさに痛みが出たときがそういう動きでした。

中野　ＭＲＩで問題がなかったということは、今のところ大丈夫だと思いますが、年をとるにつれて、椎間板がつぶされるとか、靱帯が伸びるリスクも出てきます。

ソウ　前屈みでねじるような動きはできるだけしないことが大事です。

中野　10～20kgのトマトの箱をそういう姿勢で持ち上げることがあります。そういうときは脚の力で持ち上げるのがいいと思います。ただし、両脚をそろえるのではなく、必ず片脚を前にして、物を正面に置いて体に引き寄せてから上げるんです（p．217参照）。

ソウ　なるほど。今まで腕の力で持ち上げていました。

中野　そうすると腰にきますね。

ソウ　そうなんですか。気をつけなきゃいけないですね。腕力がいつまでもあるわけじゃないし。

トミ　トマトより米を運ぶほうがきついんだよね。一袋30kgあるし、５００～６００袋は積み上げなきゃいけないから、最初の頃はヘロヘロになった。

ソウ　あれはきついですよね。ただ、昔からやっている農家の人を見ると、ポンポン持ち上げてますよね。

トミ　今は一袋30kgだけど、昔は60kg（一俵）だったことを思うと本当にすごい。力を入れるコツがあるんだろうね。毎年やっているうちに慣れてはきたけど。

中野　それは、かなりの筋力トレーニングですね。

ソウ　米といえば、糖質制限がいわれるようになってから、まったく米を食べなくなった人もいるとか。

中野　日本のダイエットは何でも極端ですよね。白米が害みたいな風潮があって。白米が本当に害なのであれば、日本人の平均寿命は下がるはずなのですが、ずっと高いままということに気づかない。

ソウ　今、平均寿命を引き上げている世代は、ずっと米を食べてきたのに。

中野　運動量の問題でもありますね。本来、一食につき茶碗1杯分ぐらいの白米だったら、全然問題はないのです。ところが、都会の人たちは体を動かさなすぎて、その量のエネルギーすら消費できない。だから、「食べる量を減らそう」ということになってしまうんです。

人間らしい暮らし

中野　お二人は都会から北海道へ、仕事もサラリーマンから農業に変わって、2つのまったく違う生活を経験してきたわけですよね。比べてみてどうですか？　前の生活に戻りたいと思うことがあるのか、それとも今の生活のほうがいいのか。

ソウ　僕は今の生活が合ってますね。銀行員時代を振り返ると、よくあんなギチギチした暮らしをしていたなと思います。だから、暴飲暴食して、不健康だったんでしょうけど。それに比べて、今は晴耕雨読とまではいかないですけど、人間らしい生活ができています。もちろん大変なときもありますけど、基本的に今の生活に満足していますし、サラリーマンに戻ることはないと思います。

トミ　私も今の暮らしが好きですね。たとえば、景観ひとつとっても都会とはまったく違う。しんどい作業をしている合間に、ハァーと思って目を上げると、向こうに美しい大雪山《だいせつさん》が見える。そうすると、ホッとして「よし、もうひとがんばりしよう」という気持ちになれるんです。畑で緑に囲まれているだけで癒やし効果というか、活力をもらえる感じもします。そういう中で働くほうが精神的に安定するし、モチベーションも上がって効率がいい気がするんですよ。肉体的にはしんどいことはありますけど、メンタル面ではものすごくいい効果があるんじゃないかと思います。

ソウ　それはありますね。このあたりは山間で雨と晴れを繰り返すから、虹もよく出るんです。そういう景色を見ていると活力が出ます。

トミ　向こうから雨が近づいて来るのが見えたら、「ああ、ハウスを閉めよう」とかね。そうやって五感でいろいろなことを感じながら働くのが、人間の本来の姿なんじゃないですかね。満員電車に乗ることもないし、会社の人間関係に悩むこともない。ある意味ではストレスフリーの環境で高齢まで働ける。私は農業の未来は明るいと思ってるんですよ。

中野　ストレスのない環境で働くのは、体にもいい影響を及ぼすでしょうしね。

ソウ　そう思います。僕は小学校の頃に父親を心臓発作で亡くしています。トラックドライバーだったので夜中の仕事が多くて、帰ってくるといつも酒をガブガブ飲んでいました。ストレスと不摂生がたたったんでしょうね。そういうこともあって、母親からはずっと体には気をつけろ、運動しろと言われて育ってきました。最近、改めてその言葉を意識するようになっています。

中野　それもあって農業、移住という道を選んだわけですね。

ソウ　そういう面もありますね。もうひとつ、移住してよかったのは、休むときはしっかり休めること。冬になると雪が降って作業ができないから、人間も休めるし、土地も休ませることができる。そういうメリハリも大事だなと感じてます。

中野　なるほど、人間だけでなく土地にとっても。

トミ　冬に土壌を回復させるというのはすごく大事です。

ソウ　本州はずっと連作だから、サラリーマンのように夏休みも冬休みも関係なく働く農家の方もいると聞いています。でも、こっちは40～60日は休めるんです。まとめて60日というのはサラリーマンにはありえないですね。休みの間はどんなことをするんですか。

中野　研修という名の慰安旅行に行ったり、年輩の人はパチンコをしたり（笑）。

トミ　真面目に働きたいという人は除雪のアルバイトをしたりもします。僕ら若手のグループを見ていると、スマホのゲームにはまっている人も多いですけど。

ソウ　常に意識のどこかに「ケガをしたらまずい」というのがあるからね。ソウくんが言っていたように、あまりスキーなどにのめり込むわけにもいかない。万が

一、骨を折ったりすれば、近隣の人に手伝ってもらうことになって負担をかけてしまう。私が心筋梗塞で倒れたのが、ちょうど稲刈りの4日前で、そのときは周囲に相当な迷惑をかけてしまったんですよ。

中野　そういうときは周りで助け合うんですね。

ソウ　そういうところは都会とは違うかもしれませんね。

トミ　かまわないで放っておくということはありえないです。とはいえ、体に対して高い自己管理意識を持っていないと、農家は務まらないです。自分が一度倒れただけに、それは強く感じますね。

中野　サラリーマンが体調を崩しても会社は潰れないですけど、皆さんの場合は本当の意味で体が資本ですからね。農家の人はすごいですね。人間が生きるというのはこういうことなんだなとつくづく感じました。ありがとうございました。

Nakano's Voice

今回、さまざまな職業の方のお話を聞きましたが、体力的に最も過酷だと思ったのが農家さんでした。イメージはしていましたが、それをはるかに超えるものでした。自分ではどうにもならない、自然環境に左右される仕事であり、健康や体力を失ったらできなくなる仕事です。何より健康と体力が重要なのに、それを維持増進するための運動をする時間がない。繁忙期は夜明けから深夜まで農作業が続く日々の中で、運動のための時間をとるのは不可能であることがよくわかりました。農家さんはトレーニングのように体を使う仕事ですから、仕事で筋力を維持しながら、病気にならない食事を心がけてほしいと思います。そして、腰を痛めないために、正しいストレッチを習慣にしてください。

LET'S TRY !

運動嫌いに捧ぐ！
実践編

—

本書に登場した、食事のとり方のヒントや
エクササイズをまとめました。
ストレッチは、同じ部位に対して
２～３種類を紹介しています。
伸ばしやすいストレッチは人それぞれなので、
試してみて「いちばん伸びる」と感じる
ストレッチを行ってください。

ストレッチ、筋トレを行うときは

・行ってみて痛みが出る場合は無理をせず中止してください。
・自分の体力に合わせて、無理のない範囲で行ってください。
・不安定な姿勢をとる場合は転倒に注意し、無理をせず壁などを利用して安全に行ってください。

食べ方のヒント

いろいろな食品をバランスよくとるには

必要な栄養素をバランスよくとるためにぜひトライしてほしいのが、1日14品目をとる食事法です。14品目とは、穀類、魚介類、肉類、卵、乳・乳製品、いも類、豆・豆製品、きのこ類、海藻類、淡色野菜、緑黄色野菜、果物類、油類、嗜好品《しこうひん》のこと（詳細は下記参照）。

これらの食品を1日1回とると、必要な栄養素がバランスよくとれるだけでなく、カロリーも抑えられるというメリットがあります。

そして、守るべきルールはひとつだけ。

1日1回1品目

ご飯やパンなどの穀類は例外として、その他の品目は1日に複

14品目の分類と食材例

【穀類】白米、玄米、餅、パン、麺（うどん、そば、パスタ、中華麺）など

【魚介類】魚、たこ、いか、えび、貝など

【肉類】牛肉、豚肉、鶏肉、ベーコン、ハム、ソーセージなど

【卵】卵豆腐、茶わん蒸し、卵焼き、メレンゲなど

【乳・乳製品】牛乳、ヨーグルト、チーズなど

【いも類】じゃがいも、里芋、さつまいも、こんにゃくなど

【豆・豆製品】豆腐、納豆、厚揚げ、豆乳、いんげん豆、えんどう豆など

【きのこ類】しいたけ、し

数回とることはできません。たとえば朝食に、トースト、ハムエッグ、ドレッシングをかけたトマトサラダ、フルーツ入りのヨーグルトを食べたとします。すると、朝食だけで、穀類、肉類、卵、緑黄色野菜、油類、果物類、乳製品の7品目をとったことになり、これらの品目を昼食、夕食でとることはできません。昼食と夕食は、これらの品目以外で構成します。つまり、この日の肉類はハムで終わり。ですからこの食事法は、「夕食にステーキを食べたいから、朝のハムはやめておこう」というふうに、1日の食事を上手に組み立てる必要があるのです。

自炊ならば比較的達成しやすいのですが、外食だとちょっと難しいかもしれません。外食が多い人は、メニューを選ぶ際に「今、食べなくてはいけないもの」を基準に選ぶとよいでしょう。自分にどんな食品が足りなくなりがちかなど、食生活を見直すきっかけにもなります。

毎日14品目を達成できなくてもOKです。無理をせずに、「できる日にがんばる」ぐらいの気持ちでトライしてください。

めじ、えのき、まいたけ、マッシュルームなど

【海藻類】わかめ、ひじき、もずく、めかぶ、のりなど

【淡色野菜】キャベツ、きゅうり、たまねぎ、レタス、はくさい、なすなど

【緑黄色野菜】かぼちゃ、にんじん、トマト、アスパラガス、にらなど

【果物類】りんご、オレンジ、バナナ、グレープフルーツ、ぶどうなど

【油類】ドレッシング、バター、マヨネーズ、揚げ物など

【嗜好品】アルコール、チョコレート、クッキーなど

＊穀類、カロリーがゼロの飲み物は複数回とってもよい

＊調味料（しょうゆ、ソースなど）、薬味の野菜（ねぎ、みょうがなど）はカウントしなくてよい

たんぱく質を上手にとるには

筋肉量が低下している人、筋トレを始めてしっかり筋肉をつけたい人にとって重要な栄養素がたんぱく質です。たんぱく質を上手にとって、筋力の維持・増進を目指しましょう。

1日に必要な最低限のたんぱく質は、体重1kgに対して1g程度とされています。たとえば体重60kgの人であれば、1日に60gのたんぱく質が必要になるということです。

では、60gはどのくらいか？　わかりやすい目安となるのが定食です。焼き魚、副菜、ご飯にみそ汁というスタンダードな定食を食べると、約20gのたんぱく質がとれるとされています。また、手のひらサイズの肉、魚1枚にも約20gのたんぱく質が含まれています。

これらを目安に自分に必要な量のたんぱく質をとるように心がけましょう。また、たんぱく質の吸収を高めるためにはビタミンB群を含む食品を一緒にとると効果的です。毎日の食事にぜひ取り入れてください。

そして、もうひとつ注目してほしいのが「アミノ酸スコア100の食品」。たんぱく質は20種類のアミノ酸で構成されていますが、そのうちの9種類は体内でつくることができません。つまり、食事でとる必要があるのです。また、「必須アミノ酸」と呼ばれるこの9種類は、全部がそろわないと吸収されにくいという特徴があります。そんな必須アミノ酸がすべて基準値を満たしている食品が「アミノ酸スコア100」の食品です。アミノ酸スコア100の食品を一緒にとることで、筋肉量の低下を食い止めたり、効率よく筋肉をつけることができます。

毎日とらなければいけないたんぱく質

- 豚肉または牛肉、鶏むね肉
- 魚
- 卵
- 牛乳

一緒にとりたいビタミンB群

- 玄米（茶碗1杯以上）
- 豆類
- ナッツ類
- ごま
- きなこ

など

アミノ酸スコア100の食品

- 本まぐろ赤身
- さけ（生）
- 和牛サーロイン（脂身なし）
- 若鶏むね肉（皮なし）
- 卵白（生）
- 牛乳

など

まずはこれだけでＯＫ！

スクワット

Level 1

オープンスタンススクワット

20回
×
2セット

テーブルや椅子の背もたれなどに両手を置いて、両脚を大きく左右に開く。つま先は外側に向ける。背筋を伸ばして胸を張り、4秒かけてひざを曲げて腰を落とす。

上体の姿勢を維持したまま、4秒かけて腰を上げる。1と2を繰り返す。

レベル別に 3 種類を紹介。20 回× 2 セットを目標にスタート。
40 回× 4 セットまでこなせるようになったら、次のレベルに進みましょう。

大根引き抜きスクワット

20 回
×
2 セット

1

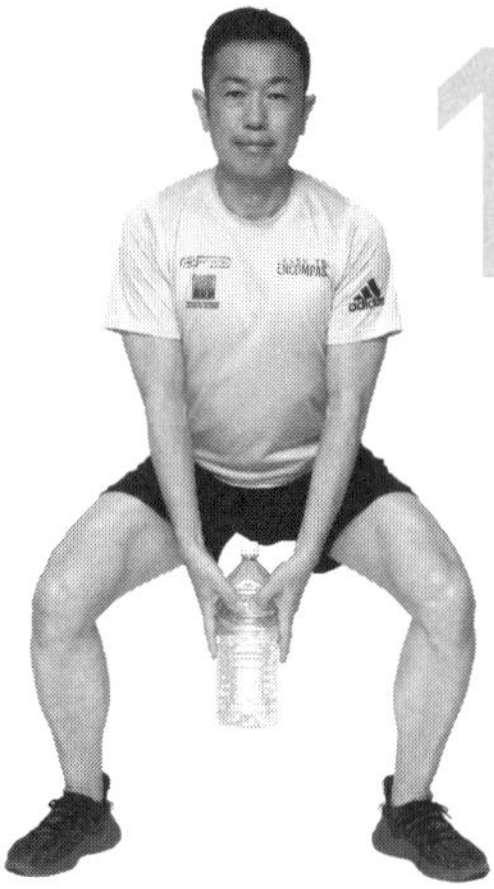

水を入れた 1.5 ～ 2ℓのペットボトルを両手で持ち、両脚を大きく左右に開く。つま先は外側に向ける。背筋を伸ばして胸を張り、4 秒かけてひざを曲げて腰を落とす。

2

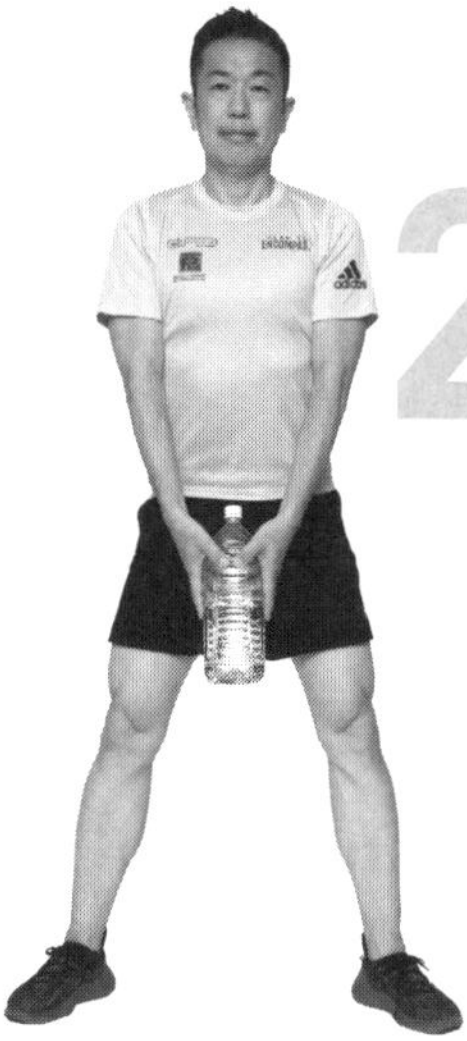

上体の姿勢を維持したまま、大根を引き抜くように 4 秒かけて腰を上げる。1 と 2 を繰り返す。ペットボトルを持ちながら行うことで、姿勢がぶれにくくなる。

(Level 2)

フロントランジ

20回
×
2セット

1

両脚を腰幅に開き、両手を頭の後ろに添える。背筋を伸ばして、胸を張る。

2

片脚を大きく前に踏み出し、4秒かけてひざが90度になるまで腰を落とす。ひざがつま先より前に出ないように注意する。前に出した足で床を蹴るようにして、1の姿勢に戻る。1と2を繰り返す。

NG

ひざが内側に入らないよう、脚はまっすぐ前に踏み出す。

ワンレッグスクワット

20回
×
2セット

両脚を腰幅に開いて立ち、片側の脚を大股1歩分後ろに引く。前傾姿勢をとり、前側の太ももに、両手を重ねて置く。4秒かけてひざを曲げて腰を落とす。

前側の脚に体重をのせたまま、4秒かけてひざを伸ばし腰を上げる。後ろ側の足のかかとと背中が一直線になるよう意識する。1と2を繰り返す。

Level 3

ワンレッグスクワットウィズチェア No.1

20回
×
2セット

1

椅子から大股1歩分離れて立ち、片足のつま先を椅子の座面にのせる。4秒かけてひざを曲げて腰を落とす。ひざがつま先より前に出ないように注意する。

2

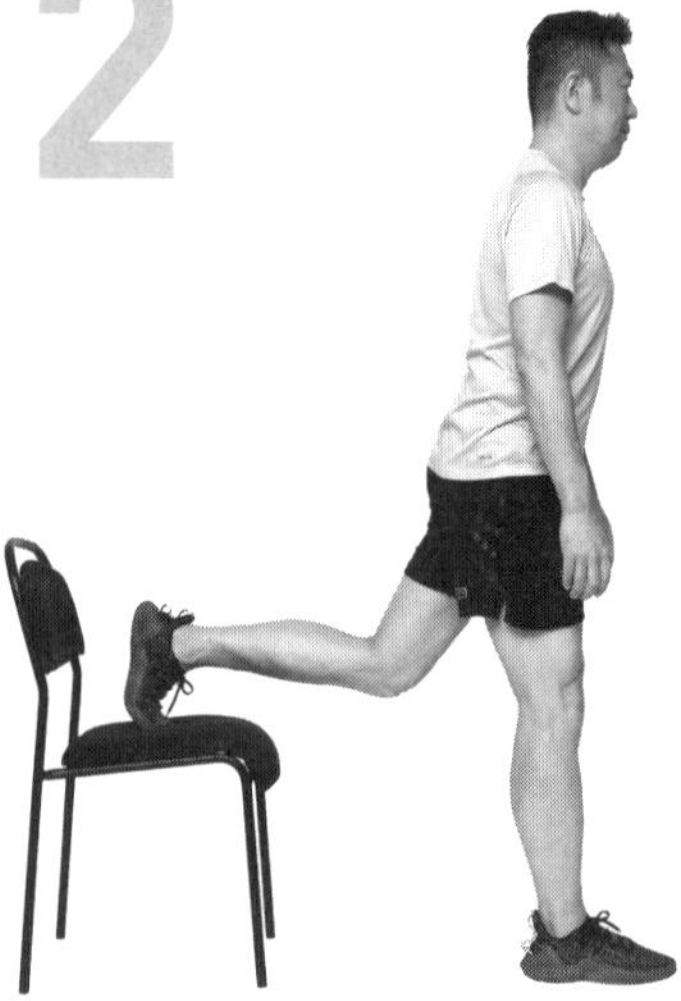

上体の姿勢をキープしたまま、4秒かけて腰を上げる。1と2を繰り返す。

ワンレッグスクワットウィズチェア No.2

20 回
×
2 セット

1

椅子から大股 1 歩半分離れて立ち、片足のつま先を椅子の座面にのせる。4 秒かけてひざが 90 度になるまで腰を落とす。ひざがつま先より前に出ないように注意する。

2

4 秒かけて腰を上げる。1 と 2 を繰り返す。

ひざ痛（腸脛靭帯炎）予防ストレッチ

大殿筋（お尻の筋肉）

【 Version 1 】

20～30秒キープ

1 壁や椅子の背もたれなどに片手をつけ、両ひざを曲げる。

2 片脚の足首よりやや上を、反対側のひざの上にかける。

3 片手はひざの上の置く。

4 背筋を伸ばしたまま、上体を前に倒す。反対側も同様にする。

20～
30 秒
キープ

(Version 2)

1 壁によりかかって立つ。

2 片脚の足首とひざをつかみ、脚を体に引き寄せるようにして伸ばす。
反対側も同様にする。

大腿筋膜張筋（骨盤の横の筋肉）

Version 1

20～
30 秒
キープ

1 壁に向かって立ち、脚をクロスして前後に開く。

2 両手を壁につけて、上体を横に倒して伸ばす。
反対側も同様にする。

(Version 2)

20～
30 秒
キープ

1 脚をクロスして前後に開く。

2 両腕を上げ手首をつかみ、引っ張るように上体を横に倒して伸ばす。
反対側も同様にする。

腰痛予防ストレッチ

大殿筋（お尻の筋肉）

20～
30秒
キープ

【 Version 1 】

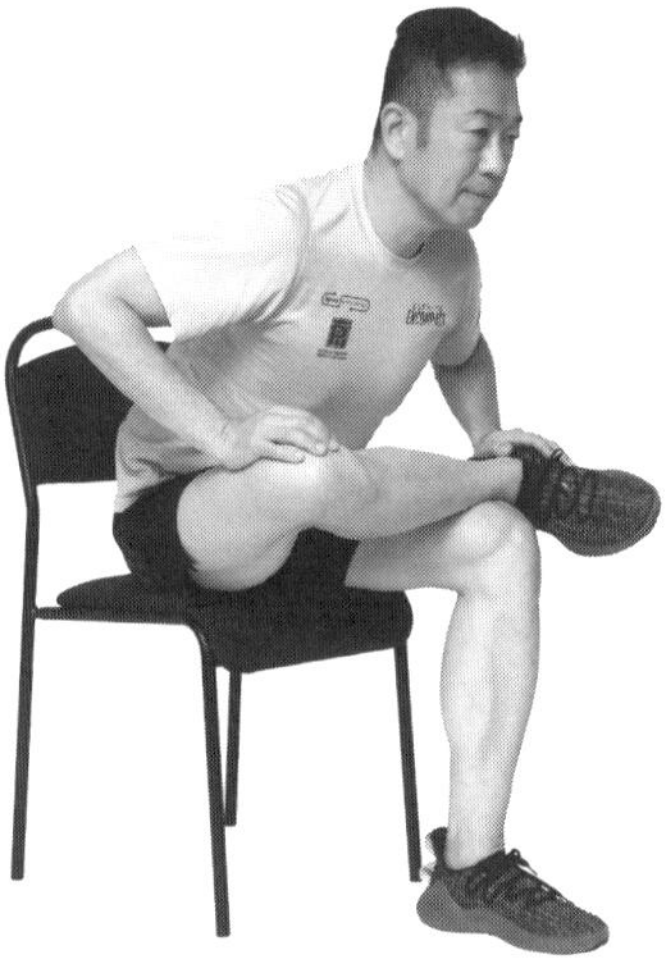

1 椅子に浅めに座る。

2 片側のすねを反対側の太ももにのせ、
すねが床と平行になるように軽くひざを押す。

3 背筋を伸ばしたまま、上体を前に倒す。反対側も同様にする。

20～
30秒
キープ

【Version 2】

1 あおむけになり、片ひざを立てる。
反対側の足首を、立てたひざにかける。

2 立てているほうの太ももを両手で抱え、胸に引き寄せる。
反対側も同様にする。

大殿筋

【 Version 3 】

20～
30秒
キープ

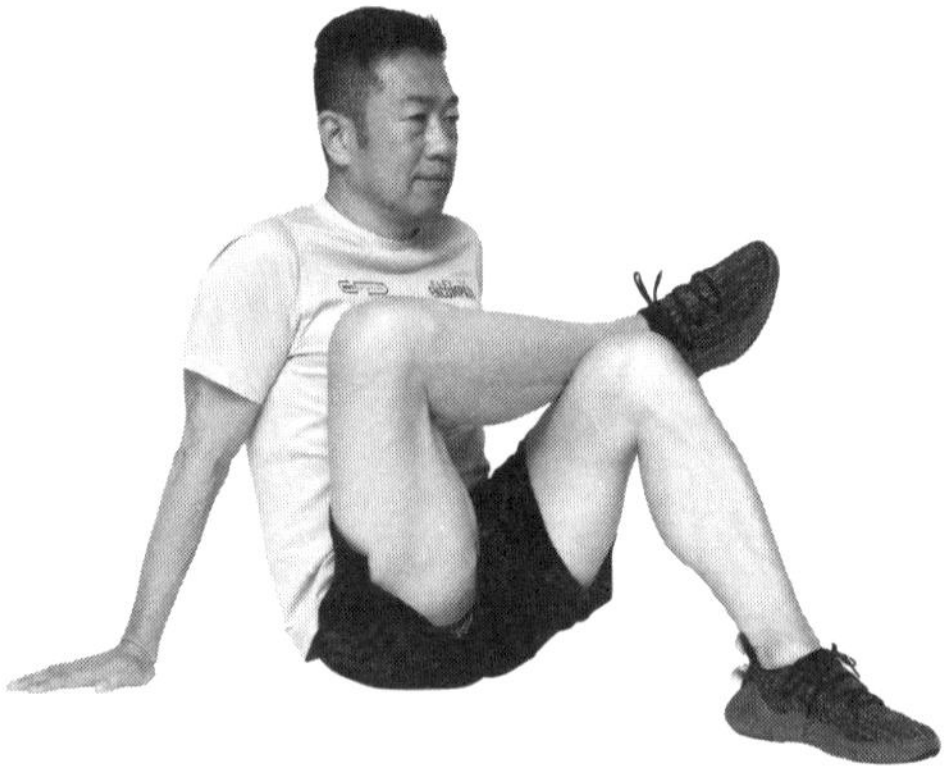

1 床に座り、片ひざを立てる。
反対側の足首を、立てたひざにかける。

2 手で床を押すようにして胸を脚に近づける。
反対側も同様にする。

腸腰筋（脚のつけ根の筋肉）

【 Version 1 】

20～
30秒
キープ

1 椅子から大股1歩分離れて立ち、片足のつま先を椅子の座面にのせる。

2 後ろ側の脚のお尻に手を当てる。
脚のつけ根を前に押し出すように体重をかけて伸ばす。

反対側も同様にする。

腸腰筋

【 Version 2 】

20～
30秒
キープ

1 片ひざ立ちになり、立てた脚の太ももに片手を置く。

2 後ろ側の脚のお尻に手を当てる。
脚のつけ根を前に押し出すように体重をかけて伸ばす。

反対側も同様にする。

(Version 3)

20～
30秒
キープ

1 脚を大きく前後に開き、両腕を上げ手首をつかむ。

2 脚のつけ根を前に押し出すように体重をかけながら、
さらに上半身をひねって伸ばす。

反対側も同様にする。

ハムストリングス（太もも裏側の筋肉）

【 Version 1 】

20～
30秒
キープ

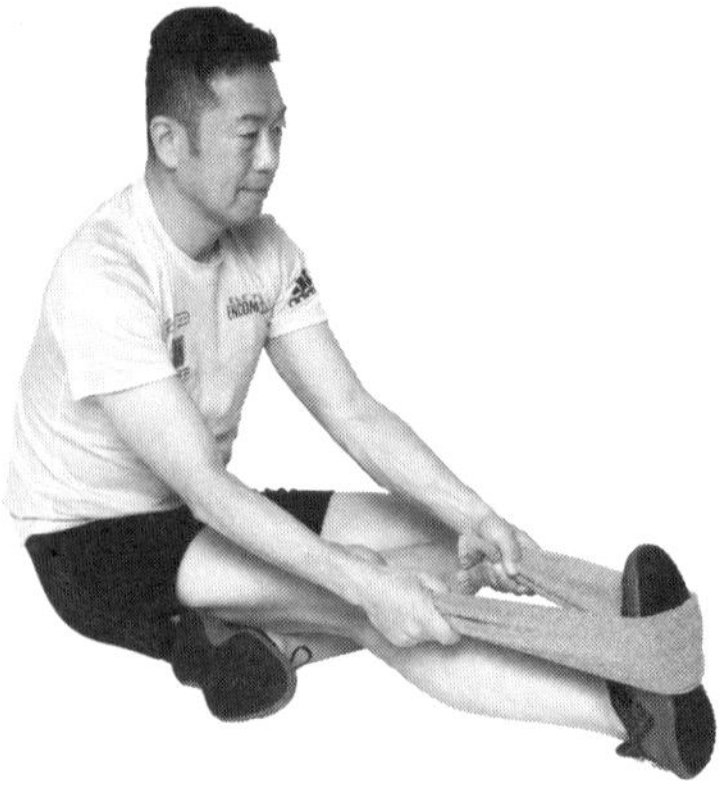

できない人は、足の裏に
タオルをかけて行ってもよい。

1 床に座り、片側のひざを曲げ、反対側のひざの下に通す。

2 伸ばした脚の太ももに片手を置き、
反対側の手でつま先をつかんで、前傾して伸ばす。
反対側も同様にする。

［ Version 2 ］

20～
30秒
キープ

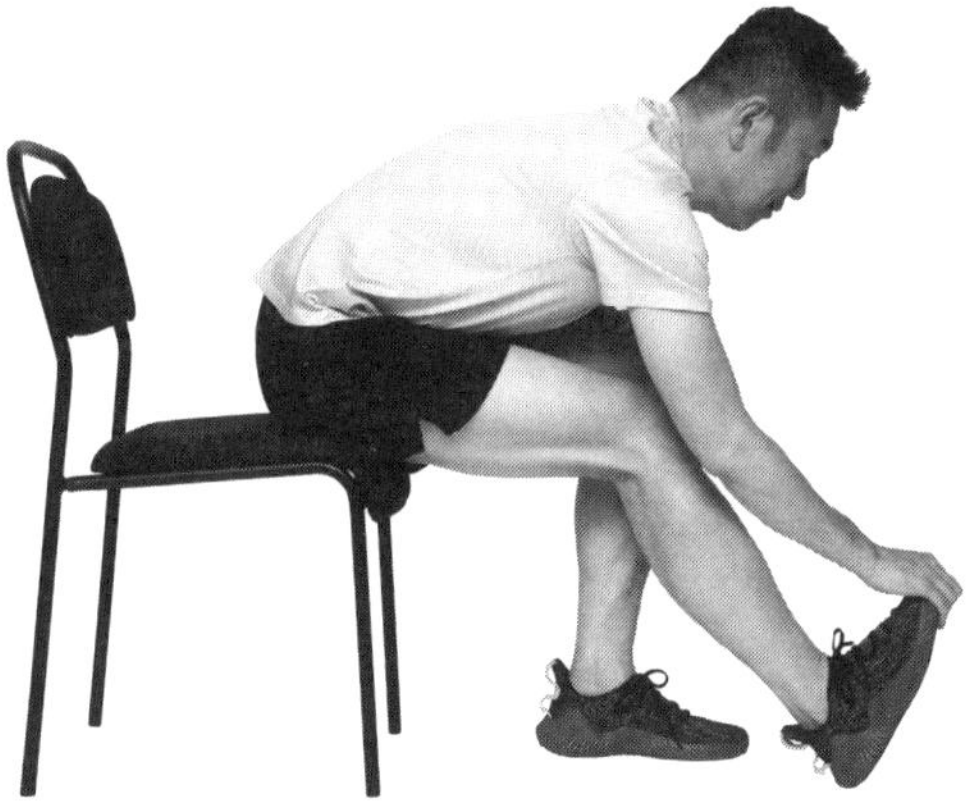

1 椅子に浅めに座り、片足のつま先を上げて少し前に出す。
ひざは軽く曲げる。

2 片手でつま先をつかんで、前傾して伸ばす。反対側も同様にする。

ハムストリングス

【 Version 3 】

20～
30秒
キープ

1 椅子の座面に片足のかかとをのせて立つ。つま先は上げる。

2 両手で椅子の背もたれをつかむ。
お尻を突き出すようにして、上半身を前に倒して伸ばす。
反対側も同様にする。

腰を痛めない持ち上げ方

脚を前後に開き、ひざを曲げて腰を落とす。荷物を体に引き寄せてから持ち上げる。腕の力ではなく、脚の力を使って持ち上げるのがコツ。

NG

両脚をそろえ、まっすぐ立った状態で持ち上げると腰を傷める。

バランスボールで骨盤周辺をほぐす

(Version 1)

左右
30 秒

バランスボールに座り、骨盤を左右にスライドさせる。リズミカルに 30 秒繰り返す。

〔 Version 2 〕

バランスボールに座り、骨盤を前後に
動かす。リズミカルに 30 秒繰り返す。

EPILOGUE

—

おわりに

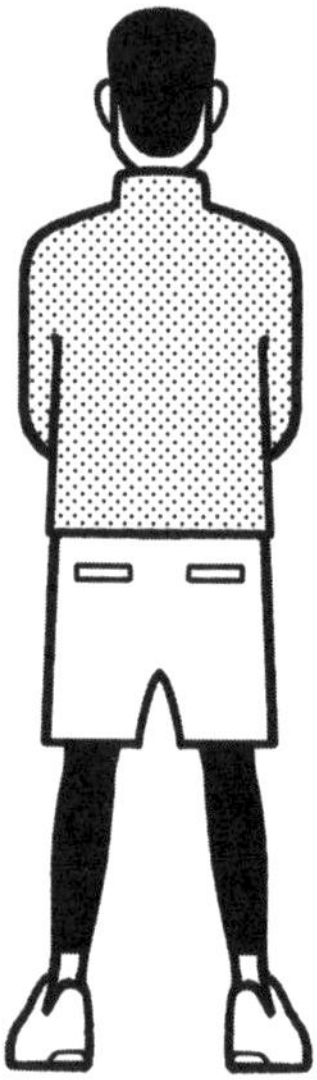

今、日本が取り組まなければいけないのはロコモティブシンドローム対策です。現代人は十分に体を動かしていなくて、低筋力化が加速。このままだと、未来の要介護人口は、大変な数字になることが想定できるからです。

しかも、今40歳の人が60歳になる20年後はもっと医療が進歩し、平均寿命は限りなく3ケタに近づいていることでしょう。ということは、要介護で40年間生きるという人も出てくるということです。病気は治る。でも、低筋力で歩けない。だから車椅子で生活したり、装具を着けたり、寝たきりの人が増える。

それが現実となったら、介護保険制度は崩壊してしまいます。そこで厚生労働省はこれまで取り組んできたメタボリックシンドローム予防よりも、ロコモを予防する政策に切り替えています。メタボはiPS細胞が実用化すれば、将来的には治る病気になるだろうといわれています。でも、ロコモは医学の力だけでは治りません。仮に筋肉を移植したとしても、運動をしなければ、その筋肉は維持できないからです。

厚生労働省は、健康のために「運動をしましょう」と一生懸命PRしているのですが、運動をする人たちの割合がいっこうに伸びていないというのが現状です。それどころかロコモという言葉さえ知らない人のほうが多いぐらいなのです。

では、どれだけ運動をしたら健康を維持増進し、ロコモを防ぐことができるのか？

私がアメリカでトレーナーの勉強をしていた30年ぐらい前は、「15～20分の運動を週2～3回やりましょう」というのがガイドラインでした。

ところが、30年後の現在、WHO（世界保健機関）やアメリカスポーツ医学界が出している指標は、「30分の運動を週5～7回」に変わりました。しかも、その運動の内容は、RPE（主観的な運動強度）で「ややきつい」から「きつい」と感じるレベルが望ましいとされています。当然、散歩やウィンドウショッピングをしながらのウォーキングなどは当てはまりません。筋肉に強い負荷がかかり、息が弾むようなハードな運動を毎日30分しなければいけないということです。

なぜそこまでレベルが上がってしまったのか？ それは、インターネットや交通機関が発達し、30年前よりはるかに世の中が便利になり、人々が体を動かす機会が格段に減ったからです。

では、さらに20年後はどうなるでしょうか？ さらに科学技術が進化し、リモートワークも増え、より便利で、より体を動かさない社会になるのは確実です。そうなったら、おそらく毎日1時間運動をしなければいけなくなるでしょう。

実は、世界的な指標の「30分の運動を週5～7回」は、運動嫌いが多い日本人にはハードルが高いからか、厚生労働省は頻度を下げ、「30分の運動を週2回以上」にしています。しかし、その低い目標にすら到達していないのが日本の現状です。

世界の先進国で運動不足が問題になっていますが、その中で日本も危機的な状況なのです。運動から目を背けてきた方々が、本書をきっかけに運動の本質を知り「やってみるか！」と思ってくださったらとてもうれしいです。

最後に私の取材にお付き合い頂いた各地の運動嫌いの皆さん、お仕事の合間にお付き合いいただき本当にありがとうございました。次回お会いするときは、「運動好き」の方として再会できたらこれほど幸せなことはありません！「あのときはあんなこと言っていたぁ〜」という笑い話を酒の肴にして飲みましょう。

中野ジェームズ修一

2020年2月

中野ジェームズ修一

なかの・じぇーむず・しゅういち

1971年生まれ。フィジカルトレーナー、米国スポーツ医学会認定運動生理学士。日本では数少ない、メンタルとフィジカルの両面を指導できるトレーナー。トップアスリートから一般人まで数多くのクライアントを持つ。2014年から青山学院大学駅伝チームのフィジカル強化指導も担当。東京・神楽坂の会員制パーソナルトレーニング施設で技術責任者を務める。『世界一伸びるストレッチ』(サンマーク出版)、『医師に「運動しなさい」と言われたら最初に読む本』(日経BP)、『"ものすごく"体が硬い人のための柔軟講座』(NHK出版)など著書も多数。

中野ジェームズ修一×運動嫌い

わかっちゃいるけど、できません、続きません。

2020年2月25日　第1刷発行

著　者　中野ジェームズ修一

発行者　森永公紀
発行所　NHK出版
〒150-8081 東京都渋谷区宇田川町41-1
電　話　0570-002-140(編集)
0570-000-321(注文)
ホームページ　http://www.nhk-book.co.jp
振　替　00110-1-49701
印刷・製本　共同印刷

Printed in Japan
ISBN978-4-14-011365-3 C0075